인생이 즐거워지고 비즈니스가 풍요로워지는 SNS소통연구소 교육 소개

▶ SNS소통연구소는 2010년 3월부터 뉴미디어 마케팅 교육(스마트폰, SNS 마케팅, 유튜브크리에이터, 프리젠테이션, 컴퓨터 활용 등)을 진행해오고 있으며 3,400여 명의 스마트폰 활용지도사를 양성해오고 있으며 전국 73개의 지부 및 지국을 운영 해오고 있습니다.

▶ 교육 문의 : 02-747-3265 / 010-9967-6654
▶ 이메일 : snsforyou@gmail.com

현재 전국에 수백 명의 스마트폰 활용지도사 자격증을 취득한 뉴미디어 마케팅 전문 강사들이 강사로 활동 중에 있습니다.

▶ 스마트폰 활용지도사 2급 및 1급 자격증
- 스마트폰 기본 활용부터 스마트폰 UCC, 스마트폰 카메라, 스마트워크, 스마트폰 마케팅 교육 등 스마트폰 전문강사를 양성하고 있습니다.

▶ 유튜브 크리에이터 전문지도사 2급 및 1급 자격증
- 유튜브 기본 활용부터 실전 유튜브 마케팅까지 실질적으로 도움이 되고 돈이 되는 교육을 실시하고 있습니다.

▶ SNS마케팅 전문지도사 2급 및 1급 자격증
- 다양한 SNS채널을 활용해서 고객을 유혹하고 매출을 증대시킬 수 있는 실전 노하우와 SNS마케팅 효과를 극대화하기 위한 광고 전략 교육을 하고 있습니다.

▶ 프리젠테이션 전문지도사 2급 및 1급 자격증
- 기업체에서 발표자료를 만들거나 제안서를 만들 때 꼭 알고 활용해야 할 프리젠테이션 제작 노하우를 중점적으로 교육하고 있습니다.

▶ 스마트워크 전문지도사 2급 및 1급 자격증
- 스마트폰 및 SNS을 활용해서 실전에 꼭 필요한 기능과 업무효율을 높일 수 있는 노하우에 대해서 교육을 진행하고 있습니다.

▶ 디지털문해교육 전문지도사 2급 및 1급 자격증
- 디지털문해교육 전문지도사가 초등학교부터 대기업 임원을 포함한 퇴직 예정자들까지 디지털 기술 활용에 대한 교육을 진행할 수 있도록 교육을 진행하고자 합니다.

책을 내면서...

이 책은 비즈니스를 하시는 분들뿐만 아니라 업무효율을 높이고자 하시는 모든 분에게 필요한 책입니다.

이 책이 나오게 된 가장 큰 이유는 SNS소통연구소 소속 메인 강사 수백 명이 전국에 있는 공공기관 및 일반 기업체와 단체에서 강의하고 있지만, 스마트폰 활용 및 스마트워크 강의를 진행하다 보면 생각보다 유용한 기능 활용을 제대로 못 하는 분들이 많다는 의견들이 공통으로 나옵니다.

그러다 보니 수강생분들이 강의가 끝나고 나면 스마트폰 활용이나 업무효율을 높일 수 있는 책을 추천해 달라는 요청들이 많습니다.

SNS소통연구소는 스마트폰 책부터 SNS, 컴퓨터, 프리젠테이션 등 다양한 분야의 책을 출간하고 있지만, 내용이 너무 광범위하다 보니 딱히 요구하는 책을 추천하기가 쉽지 않았습니다.

그래서 많은 고민 끝에 공통으로 스마트폰 활용을 하는 데 있어 꼭 필요한 부분만 선정해서 책을 쓰게 되었습니다.

특히나, 공공기관이나 기업체에서 팀장급 이상이나 퇴직 예정자분들을 대상으로 강의하다 보면 깜짝 놀라는 경우가 많습니다. (젊은 분들도 모르는 건 마찬가지입니다) 그 이유 중의 하나가 정말 스마트폰 기본 활용에 대해서 기초적인 것도(예 : 음성으로 문자 보내기, 카카오톡 기본 활용 등) 모르는 경우가 많아 놀라는 경우가 많습니다.

다들 처음에는 '스마트폰 뭐 배울 거 있나?' 이런 반응을 보이시는데 막상 몇 시간 배워보고 난 후에는 이구동성으로 진즉에 이런 걸 먼저 배워서 활용하면 좋은데 왜 안 배웠는지 모르겠다고 말씀들을 하십니다.

스마트폰이나 PC에서 업무시간을 단축할 수 있는 음성으로 타이핑하기, 회의 녹취록을 바로 텍스트로 변환해서 회의 결과자료를 쉽고 빠르게 만들기, 서류나 자료 등을 바로 스마트폰으로 스캔해서 텍스트로 추출하거나 PDF 자료로 변환해서 공유하기 등 몇 가지만 알아도 현재 일하는 데 많은 도움이 될 것입니다.

 대한민국 발전을 위해 공공기관과 기업체에서 열심히 일하시는 분들이 이 책을 보고 제대로 배우고 익히면 업무 효율이 올라가고 일의 효율성과 효과성을 극대화할 수 있습니다.

 업무 효율이 올라가면 남는 시간에 더 생산적이고 자기 계발에 투자하는 시간을 늘려 보다 여유로운 삶을 살아가는 데 많은 도움이 될 것입니다.

 그리고 대한민국에서 교육자로 활동하시는 대학교 교수님, 학교 선생님, 민간 교육을 하시는 강사님들도 이 책을 통해 조금이나마 스마트해지셔서 많은 도움을 받으셨으면 합니다.

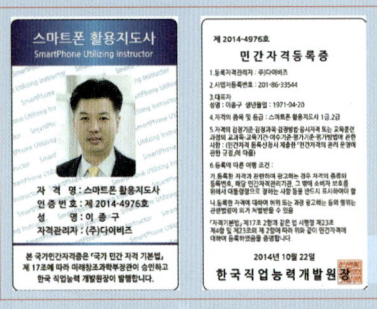

★ 스마트폰 활용지도사 자격증에 대해서 아시나요?
(과학기술정보통신부가 검증하고 한국직업능력개발원이 관리하는 스마트폰 자격증 취득에 관심 있으신 분들은 살펴보세요.)

★ 상담 문의
이종구 010-9967-6654
E-mail : snsforyou@gmail.com
카톡 ID : snsforyou

★ 스마트폰 활용지도사 1급
- 해당 등급의 직무내용

초/중/고/대학생 및 성인 남녀노소 누구에게나 스마트폰 활용교육 및 SNS 기본 교육을 실시할 수 있습니다.
개인 및 소기업이 브랜딩 전략을 구축하는 데 있어 저렴한 비용을 들여 브랜딩 및 모바일 마케팅 전략을 구축할 수 있도록 필요한 교육을 할 수 있습니다.

★ 스마트폰 활용지도사 2급
- 해당 등급의 직무내용

시니어 실버분들에게 스마트는 활용교육을 실시할 수 있습니다. 개인 및 소기업이 모바일 마케팅 전략을 구축하는데 있어 기본적인 교육을 할 수 있습니다. 1인 기업 및 소기업이 스마트워크 시스템을 구축하는데 제반 사항을 교육할 수 있습니다.

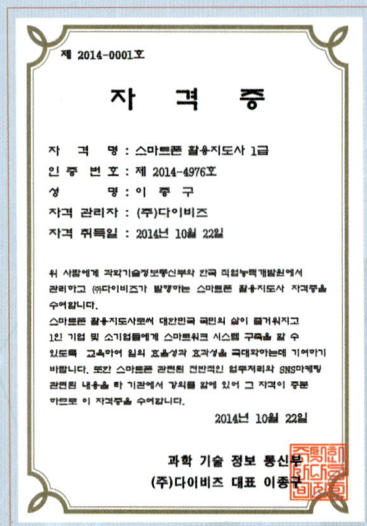

★ 시험 일시 : 매월 둘째 주, 넷째 주 일요일 5시부터 6시까지 1시간
★ 시험 과목 : 2급 - 스마트폰 활용 분야 / 1급 - 스마트폰 SNS마케팅
★ 합격점수 : 1급 - 80점 이상(총 50문제 각 2점씩 100점 만점에 80점 이상 주관식 10문제 포함)
　　　　　　 2급 - 80점 이상(총 50문제 각 2점씩 100점 만점에 80점 이상)

★ 시험대비 공부방법
1. 스마트폰 활용지도사 2급 교재 구입 후 공부하기
2. 정규수업 참여해서 공부하기
3. 유튜브에서 [스마트폰 활용지도사] 채널 검색 후 관련 영상 시청하기

★ 시험대비 교육일정
1. 매월 정규 교육을 SNS소통연구소 전국 지부에서 실시하고 있습니다.
2. 스마트폰 활용지도사 SNS소통연구소 블로그
　 (blog.naver.com/urisesang71) 참고하기
3. 소통대학교 사이트 참조 (www.snswork.com)
4. NAVER 검색창에 (SNS소통연구소)라고 검색하세요!

★ 스마트폰 활용지도사 자격증 취득 시 혜택
1. SNS 상생평생교육원 스마트폰 활용 교육 강사 위촉
2. SNS소통연구소 스마트폰 활용 교육 강사 위촉
3. 스마트 소통 봉사단에서 교육받을 수 있는 자격부여
4. SNS 및 스마트폰 관련 자료 공유
5. 매월 1회 세미나 참여 (정보공유가 목적)
6. 향후 일정 수준이 도달하면 기업체 및 단체 출강 가능
7. 그 외 다양한 혜택 수여

★ 시험 응시료 : 3만원
★ 자격증 발급비 : 7만원

1. 일반 플라스틱 자격증.
2. 종이 자격증 및 우단 케이스 제공.
3. 스마트폰 활용지도사 강의자료
   제공비 포함.

유튜브 크리에이터 전문 지도사 시험

매월 1째, 3째 일요일
오후 5시부터 6시까지

유튜브 크리에이터 전문 지도사가
즐거운 대한민국을 만들어갑니다!

- **자격명** : 유튜브 크리에이터 전문 지도사 2급 및 1급
- **자격의 종류** : 등록(비공인) 민간자격
- **등록번호** : 제 2020-003915 호
- **자격 발급 기관** : 에스엔에스소통연구소
- **총 비용** : 100,000원
- **환불규정**
  ① 접수마감 전까지 100% 환불 가능(시험일자 기준 7일전)
  ② 검정 당일 취소 시 30% 공제 후 환불 가능
- **시험문의**
  SNS 소통연구소 이종구 소장 : 010-9967-6654

 SNS소통연구소 자격증 교육 교재 리스트

디지털 교육 강사들의 필수 지침서
(스마트폰 활용지도사 2급 교재)

SNS마케팅 교육 전문가 양성 과정 책
(SNS마케팅전문지도사 교재)

UCC제작과 유튜브크리에이터
양성을 위한 책
(유튜브크리에이터전문지도사 교재)

스마트한 강사를 위한 길라잡이
(프리젠테이션전문지도사,
컴퓨터활용전문지도사 교재)

02 SNS소통연구소 주요 사업 콘텐츠

SNS소통연구소 지부 및 지국 활성화

2010년 3월부터 교육을 시작한 SNS소통연구소는
현재 전국에 73개의 지부 및 지국을 운영 중

스마트폰 활용지도사
(국내 최초! 국내 최고!)

2014년 10월 스마트폰 활용지도사 민간 자격증 취득
2급과 1급 과정을 운영 중이며 현재 3,400여 명 이상 지도사 양성

실전에 필요한 전문 교육
(다양한 분야 실전 교육 중심)

일반 강사들에게도 꼭 필요한 전문 교육을 실시함
(SNS마케팅, 스마트워크, 프리젠테이션, 컴퓨터 활용 등)

SNS소통연구소 출판사

2011년 11월부터 SNS소통연구소 출판사 운영
스마트폰 활용 및 SNS마케팅 관련된 책 43권 출판
강사들에게 필요한 다양한 분야의 책을 출간 진행 중

◆ 뉴미디어 마케팅 교육 문의
(스마트폰 활용, SNS마케팅, 유튜브크리에이터, 프리젠테이션, 컴퓨터 활용 등)

▶ SNS소통연구소 직통전화 : 010-9967-6654

▶ 소통대학교 직통전화 : 02-747-3265

03 지역사회 발전을 위해 사회복지사처럼 스마트폰 활용지도사가 필요합니다!

▶ 사회복지사란? 청소년, 노인, 가족, 여성, 장애인 등 사회적 약자에 대한 복지 정책 및 공공 복지 서비스가 증대함에 따라 사회적인 문제로 어려움을 겪는 이들을 돕는 직업

▶ 스마트폰 활용지도사란? 개인이 즐거운 인생을 살아가는 데 도움을 드리고 소상공인들에게 풍요로운 비즈니스를 할 수 있도록 도움을 드리는 직업
스마트폰 활용지도사가 디지털 문맹 퇴치 운동에 앞장서고 즐거운 대한민국을 만들어가는데 초석이 되었으면 합니다.

SNS소통연구소 전국 지부 봉사단 현황

서울/경기북부	울산지부	부산지부
스마트 소통 봉사단	**스폰지**	**모바일**
2018년 6월부터 매주 수요일 오후 2시부터 5시까지 스마트폰 활용지도사들이 소통대학교에 모여서 강사 트레이닝을 목적으로 운영되고 있음 (기관 및 단체 재능기부 교육도 진행)	매월 정기모임을 통해서 스마트폰 활용지도사의 역량개발과 지역주민들을 위해 스마트폰 활용 교육 봉사활동 진행	모든 것이 바라는 대로 이루어집니다! 매월 정기모임을 통해서 스마트폰 활용지도사의 역량개발과 지역주민들을 위해 스마트폰 활용 교육 봉사활동 진행
제주지부	**경기남부**	**경북지부**
제스봉	**경기남부지부 스마트 봉사단**	**스소사**
제주도 스마트폰 봉사단 매월 정기모임을 통해서 스마트폰 활용지도사의 역량개발과 지역주민들을 위해 스마트폰 활용 교육 봉사활동 진행	매월 정기모임을 통해서 스마트폰 활용지도사의 역량개발과 지역주민들을 위해 스마트폰 활용 교육 봉사활동 진행	'스마트하게 소통하는 사람들' 경북지부 스마트폰 봉사단 매월 정기모임을 통해서 스마트폰 활용지도사의 역량개발과 지역주민들을 위해 스마트폰 활용 교육 봉사활동 진행
전라남도	**경기북부**	**경기동부**
SNS소통연구소 전남스마트봉사단	**펀펀 스마트 봉사단**	**스마트 119 봉사단**
매월 정기모임을 통해서 스마트폰 활용지도사의 역량개발과 지역주민들을 위해 스마트폰 활용 교육 봉사활동 진행	'배우면 즐거워져요~' 경기 북부 스마트폰 봉사단 매월 정기모임을 통해서 스마트폰 활용지도사의 역량개발과 지역주민들을 위해 스마트폰 활용 교육 봉사활동 진행	'스마트한 사람들이 모여 지역주민들의 스마트한 인생을 도와드리는 봉사단' 매월 정기모임을 통해서 스마트폰 활용지도사의 역량개발과 지역주민들을 위해 스마트폰 활용 교육 봉사활동 진행
경기서부	**대구지부**	
스마트 위드유	**스마트 소통 약방**	
매월 정기모임을 통해서 스마트폰 활용지도사의 역량개발과 지역주민들을 위해 스마트폰 활용 교육 봉사활동 진행	매월 정기모임을 통해서 스마트폰 활용지도사의 역량개발과 지역주민들을 위해 스마트폰 활용 교육 봉사활동 진행	

04 SNS소통연구소 출판 리스트 43권
(2023년 4월 기준)

05 SNS소통연구소 전국 지부 및 지국 현황

서울 (지부장-소통대)
- 강남구 (지국장-최영하)
- 강서구 (지국장-문정임)
- 관악구 (지국장-손희주)
- 광진구 (지국장-서순례)
- 강북구 (지국장-명다경)
- 강동구 (지국장-윤진숙)
- 노원구 (지국장-전윤이)
- 동작구 (지국장-최상국)
- 동대문구 (지국장-김종현)
- 도봉구 (지국장-오영희)
- 마포구 (지국장-김용금)
- 송파구 (지국장-문윤영)
- 서초구 (지국장-선수옥)
- 성동구 (지국장-이명애)
- 성북구 (지국장-조선아)
- 양천구 (지국장-송지열)
- 용산구 (지국장-최영옥)
- 영등포구 (지국장-김은정)
- 은평구 (지국장-노승유)
- 중구 (지국장-유화순)
- 중랑구 (지국장-정호현)
- 종로구 (지국장-김숙명)
- 구로구 (지국장-박정옥)

경기북부 (지부장-이월례)
- 의정부 (지국장-한경희)
- 양주 (지국장-유은서)
- 동두천/포천 (지국장-김상기)
- 구리 (지국장-김용희)
- 남양주시 (지국장-정덕모)
- 고양시 (지국장-백종우)

경기동부 (지부장-이종구)
- 성남시 (지국장-노지영)

경기서부 (지부장-이종구)
- 안양/과천 (지국장-곽문희)
- 시흥시 (지국장-윤정인)
- 부천시 (지국장-김남심)

경기남부 (지부장-이중현)
- 수원 (지국장-권미용)
- 이천/여주 (지국장-김찬곤)
- 평택시 (지국장-현영훈)
- 안성시 (지국장-허진건)
- 화성시 (지국장-한금화)

인천광역시 (지부장-김미경)
- 서구 (지국장-어현경)
- 남동구 (지국장-장선경)
- 부평구 (지국장-최신만)
- 중구 (지국장-조미영)
- 계양구 (지국장-전혜정)

강원도 (지부장-장해영)
- 강릉시 (지국장-임선강)

대전광역시 (지부장-유정화)
- 중구/유성구 (지국장-조대연)

충청남도 (지부장-김미선)
- 청양/아산 (지국장-김경태)
- 금산/논산 (지국장-부성아)

광주광역시
- 북구 (지국장-김인숙)

대구광역시 (지부장-임진영)
- 수성구 (지국장-김기연)

제주도 (지부장-여원식)

전라북도 (지부장-송병연)

부산광역시 (지부장-손미연)
- 사상구 (지국장-박소순)
- 해운대구 (지국장-배재기)
- 기장군 (지국장-배재기)
- 연제구 (지국장-조환철)
- 진구 (지국장-김채완)

전라남도 (지부장-강영옥)

경상남도
- 양산시 (지국장-한수희)

경상북도 (지부장-남호정)
- 고령군 (지국장-김세희)
- 경주 (지국장-박은숙)
- 경산 (지국장-정다건)

울산광역시 (지부장-김상덕)
- 동구 (지국장-김상수)
- 남구 (지국장-박인완)
- 울주군 (지국장-서선숙)

목차

01강 스마트폰을 제대로 배우고 익혀야 하는 이유 6p

- 4차 산업혁명 시대! 스마트폰 활용을 제대로 배우고, 익혀야 하는 이유?
- 스마트워크 교육이 필요한 이유?

02강 이젠 자판치지 말고 음성으로 타이핑하자 13p

- 스마트폰에서 음성으로 자판치기 - 메시지
- 스마트폰에서 음성으로 자판치기 - 카카오톡
- PC에서 음성으로 자판치기 - 구글 문서
- PC에서 음성으로 자판치기 - Speech Recognition Anywhere
- 스마트폰 음성으로 일기쓰기 - 네이버 밴드
    1) 개인용 밴드 만들기
    2) 일반 글쓰기 - 음성으로 글을 쓰고 일기를 써보자

03강 스마트폰 사용이 즐거워지는 카카오톡 꿀팁 23p

- 카톡에서 음성으로 카톡 보내기
- 카톡 책갈피 활용하기
- 샵(#) 기능 활용하기
- 카톡 저장공간 확보하기
    1) 캐시 데이터 삭제
    2) 미디어 데이터 파일 삭제
- 대화 내용 내보내기
- 내 톡서랍 활용하기
    1) 톡서랍 플러스 구독 절차
    2) 카카오톡 톡서랍 플러스 활용 방법 : 드라이브
    3) 카카오톡 톡서랍 플러스 활용 방법 : 카카오톡 데이터

목차

- 교통편 알아보기 : 카카오맵
    1) 첫 화면 및 대중교통
    2) 승용차
    3) 도보

04강 인공지능 서비스 제대로 활용하기　　37p

- 구글 어시스턴트 제대로 활용하기
    1) 구글 어시스턴트 음성 모델 학습시키기
    2) 구글 어시스턴트의 음악 매체 설정
    3) 구글 어시스턴트 뉴스 듣기
    4) 구글 어시스턴트 명령어
- 구글 렌즈 활용하기
- 리무브 앱 활용하기
    1) 모바일 버전 활용하기
    2) PC 버전 활용하기
- 클린업 픽처스 사이트 활용하기

05강 스마트폰 하나면 나도 사진작가다　　52p

- 사진은 스토리텔링이다
- 스마트폰 카메라 제대로 활용하기
    1) 동영상 촬영하면서 사진 촬영하기
    2) 프로 동영상 촬영법
    3) 파지법
- 스마트폰 사진 잘 찍는 법
    1) 인물사진
    2) 음식사진
    3) 풍경사진

- 스토리가 있는 포토에세이
  1) 그게 인생 아이니꺼
  2) 아, 어여 다녀와!
  3) 아버지, 그 삶의 무게
- 사진작가들이 선호하는 카메라 필터 앱들
  1) 맑은 하늘 필터 카메라, 피크닉
  2) 상상 속 카메라를 현실에서 만나다, 포토샵 카메라

06강 다이내믹하고 임팩트한 카드뉴스 만들기   66p

- 픽사베이에서 무료 콘텐츠 다운받고 제대로 활용하는 법
- 감성공장
- 수채화
- 글그램
- 캔바

07강 이미지 합성 제대로 알면 소통이 원활해지고 인생이 즐거워진다   85p

- 포토퍼니아

08강 스마트폰 하나면 나도 UCC전문가다   88p

- 브레이브 브라우저(광고 없이 유튜브 보기)
- 유튜브에서 내가 원하는 음악 및 동영상 다운받기
- 파도 MP3(안드로이드폰 음악 다운받기)
- 쉽게 Short Form Movie 만들기 - 비타(VITA)

목차

09강 스마트폰 하나면 나도 스마트워커다! 98p

- vFlat
  1) vFlat 메뉴와 설정하기
  2) vFlat 스캔하기
  3) 라이브러리 메뉴와 가져오기
  4) 텍스트 인식하기와 다양한 메뉴
  5) PDF 파일 가져오기와 텍스트 인식하기
  6) vFlat scanner의 활용과 주의사항
- 클로바 노트
  1) 스마트폰에서 클로바 노트를 사용하는 방법
  2) PC에서 클로바 노트를 사용하는 방법
- 모바일팩스
  1) 모바일팩스 가입
  2) 팩스발송
- 구글 알리미
- 구글링
- 자료 전송하기(웜홀 제대로 활용하기)
  1) 모바일에서 wormhole 이용하여 파일 전송하는 방법
  2) 모바일에서 파일 전송 받는 방법
  3) PC에서 wormhole 사용하는 방법

10강 유용한 사이트 소개 114p

- 스마트쉼센터
- 스마트초이스
- 건강보험심사평가원
- 경찰청 사이버캅
- 시티즌 코난

- 더치트
- 도구 상자
- 등산시계
- 모두의 신문
- 모두의 라디오
- 부동산 관련 앱
  1) 스마트 국토정보
  2) 한국부동산원 부동산 정보 - 부동산시세, 전세, 아파트실거래가
  3) 네이버 부동산
  4) 아파트 실거래가(아실) - 부동산
  5) 밸류맵 - 토지·건물 거래 필수 앱
  6) 경매알리미 - 아파트, 부동산 경매
- 사진, 이미지 편집에 유용한 앱
  1) 내 사진을 캐릭터로 - ToonMe
  2) 글씨 애니메이션 - 글씨팡팡
  3) 다이내믹한 글씨 애니메이션 - OQ Animated Text
  4) 내 사진에 임팩트한 애니메이션 - Vimage
  5) 내 사진에 임팩트한 애니메이션 - Motionleap

11강   네이버 인공지능 자판 활용하면 스마트폰 사용이 더 즐거워진다   119p

- 네이버 스마트보드
  1) 음성 텍스트 입력
  2) 실시간 번역으로 대화하기
  3) 텍스트 스캔
  4) 자주 쓰는 메모, 맞춤법 검사
  5) 나만의 스티커 만들기
  6) 텍스트 전체 선택, 대화 중 검색 기능, 설정 저장 및 불러오기

 스마트폰을 제대로 배우고 익혀야 하는 이유

■ 4차 산업혁명 시대! 스마트폰 활용을 제대로 배우고, 익혀야 하는 이유?

스마트폰 활용을 제대로 배우고, 익혀야 하는 이유에 대해서 간략하게 3가지 관점에서 알아보겠습니다.

첫 번째, 스마트폰은 문화이다.
두 번째, 스마트폰은 소통의 도구이다.
세 번째, 스마트폰은 정보를 얻을 수 있는 창고이다.

첫 번째, 포노 사피엔스(phono sapiens)시대! 스마트폰은 문화입니다!

전 세계 유명한 경제학자들이 연구한 바에 의하면 인구 5천만 명을 기준으로 볼 때 100만 명 이상이 사용하면 패션(Fashion)이고, 500만 명 이상이 사용하면 트렌드(Trend)고, 1,000만 명 이상이 사용하면 문화(Culture)라고 합니다.

패션이나 트렌드는 바뀔 수 있지만, 문화는 쉽게 바뀌지 않습니다.

2023년 4월 현재 기준 대한민국 스마트폰 개통 대수 7,160만 대!
이제 스마트폰 활용은 선택이 아니라 문화이며 필수로 제대로 배우고, 익혀야 할 도구입니다.

대한민국 국민
5,162만명 기준

2023년 4월 현재
이동전화 가입자수 7,160만대!

100만명 이상이 사용하면
Fashion(패션)

500만명 이상이 사용하면
Trend(트렌드)

1,000만명 이상이 사용하면
Culture(문화)

스마트폰이 문화인 현재의 세상을 포노사피엔스(phono sapiens)시대라고 합니다!
2016년 영국 이코노미스트에서 처음 사용한 단어로 '포노 사피엔스(phono sapiens)'는 '스마트폰(smartphone)'과 '호모 사피엔스(homo sapiens: 인류)'의 합성어로, 휴대전화를 신체의 일부처럼 사용하는 새로운 세대를 뜻합니다.

의역(譯)을 하자면 스마트폰을 똑똑하게 사용하면 '포노 사피엔스(phono sapiens)'라고 하고 스마트폰을 핸드폰으로만 사용하면 호모 사피엔스(생각하는 인류)인 것입니다.

대한민국 4인 가족 기준으로 한 달 통신비 지출이 얼마나 될까요?
(통신비 : 이동전화요금, 인터넷, 유선전화, IPTV, OTT 서비스, 우편 서비스 등)

30만 원입니다.
1년에 360만 원입니다.
적은 돈이 아닙니다.

2009년 10월부터 대중적으로 스마트폰이 일반화되었고 2011년 3월 23일 스마트폰 가입자가 1,000만 명을 돌파하였습니다. 2013년 말에는 국내 스마트폰 보급률이 75%를 돌파하였습니다. 스마트폰이 대중화된 2011년도부터 2023년 4월까지 대략 13년 동안 각 가정에서 수천만 원의 통신비를 지출하고 있지만 별로 통신비 설계에 대해 고민하는 사람은 거의 없습니다.
또한, 대한민국 스마트폰 사용자 그 누구도 스마트폰 통신사나 재조사한 데 스마트폰 활용 교육을 해달라고 요구하는 사람은 아무도 없습니다.

왜 그럴까요?
대부분 사람은 그냥 스마트폰을 핸드폰으로만 사용하는 경우가 많기 때문일 것입니다.

지역 주민 센터에서도 스마트폰 활용 교육을 하는 곳은 거의 없는 게 현실입니다.
기존의 구청 단위 공공기관 평생학습센터에서는 분기별로 스마트폰 활용 교육을 하고 있지만 지역의 주민센터 학습센터에서는 일반 교육(외국어 교육 등)은 하고 있지만 스마트폰 활용 교육은 하고 있지 않습니다.

만약에 수요조사를 해본다면 지역주민 중에서 시니어 실버들의 경우 스마트폰 활용 교육이 최우선일 것입니다.

4차 산업혁명 시대! 인공지능 시대에는 더욱더 스마트폰 활용 교육이 절실한 시대입니다.

대부분 성인은 학생 및 젊은 분들은 스마트폰 활용은 다들 잘하고 있다고 생각하지만, 실제는 그렇지 않습니다.
젊은 분들의 경우 자신이 필요한 건 네이버나 유튜브에서 검색해서 활용하고 있지만 실제 스마트폰이나 SNS 도구들을 활용하면 어떤 장점이 있고 어떻게 일의 효율성과 효과성을 극대화할 수 있다는 것은 잘 모르고 있습니다.

가장 큰 이유는 학교에서나 사회 교육기관에서 제대로 스마트폰이나 SNS 도구에 대해서 제대로 가르쳐주는 곳이 없기 때문입니다.

스마트폰 및 SNS 도구 활용에 대해서 가장 먼저 배우고, 익혀야 할 곳이 평생 교육을 하는 기관의 교육을 기획하는 담당자들입니다.

하지만, 실질적으로 교육을 하는 사람이나 기획하는 사람이 활용에 대해서 제대로 모르니 그냥 과거의 방식대로 기존 교육을 계속해나가고 있는 것입니다.

이제는 스마트폰 및 SNS 도구 활용을 배울지 말지 고민하는 것이 아니라 개인들은 스마트폰을 제대로 배우고 익혀서 가족 간 세대 간의 원활한 소통으로 인해 즐거운 인생을 살아가고 비즈니스 하시는 분들은 더욱더 하는 일의 생산성을 높이고 풍요로운 비즈니스 결과를 만들어 내야 할 것입니다.

두 번째, 가족 간 직원 간의 원활한 소통을 위해서라도 스마트폰 활용 제대로 배워야 합니다.

스마트폰 활용이 문화로 자리 잡은 요즘 시니어 실버들의 경우 용어 자체가 생소하다 보니 접근성이 너무 낮아 소통하는데 어려움을 많이 겪고 있습니다.
과거에는 운전면허 연습은 가족 간에 하면 싸움만 난다고 했습니다. 요즘은 스마트폰이 그렇습니다.
스마트폰에 대해서 시니어 실버 분들이 물어보고 하면 자식들은 "바빠요!"하고 피하고 손주들은 "일전에 알려드렸잖아요!"하고 피한답니다. 궁금해도 자존심 때문에 어디 물어볼 데도 마땅치 않은 게 현실이기도 합니다.

스마트폰 제대로 배우고 익히면 세대 간의 소통도 원활해질 것입니다. 소통이 원활하지 않으면 불통이 되고 불통이 반복되면 먹통이 되고 맙니다. 진정 스마트폰 활용 교육은 가족 간의 소통을 위해서라도 꼭 필요한 교육입니다.
손주들과 자녀들과 소통을 위해서라도 스마트폰 활용은 꼭 배우고 익히셔서 활용하시면 좋을 거 같습니다.

직장 내에서도 마찬가지입니다.
퇴직예정자뿐만 아니라 현업에서 일을 하는 팀장 및 관리자급 정도 되면 40대 50대라고 봐야 하는데 실질적으로 기능적인 부분은 잘 모르는 경우가 많습니다. 하지만, 기능을 잘하는 것이 중요한 게 아니라 어떤 도구나 프로그램을 사용하면 일의 효율성과 효과성을 극대화할 수 있는지 이해만 하고 있어도 팀원들에게 일을 시키거나 외주업체와 협력을 할 때도 생산성을 높일 수 있을 것입니다.

세 번째, 고객들은 자신들이 원하는 콘텐츠나 제품을 구매하고자 할 때 정보를 어디에서 찾나요?

세상에서 제일 힘든 일 중의 하나가 남의 주머니에서 돈을 꺼내는 일이라고 합니다. 남의 주머니라 함은 고객(顧客)을 말하는 것인데 그런 고객들이 자신들이 원하는 정보를 찾고자 할 때는 네이버나 유튜브 등 SNS상에서 정보를 찾아서 활용하고 있습니다. 개인들이야 스마트폰이나 SNS 기본만 활용해도 사는데 크게 불편함이 없지만 비즈니스를 하는 분들은 분야별로 다르긴 하겠지만 스마트폰이나 SNS도구들을 제대로 배우고 익혀서 고객과의 접근성을 낮추고 업무효율을 높여야 자신들이 원하는 결과치를 기대할 수 있을 것입니다.

하지만, 강의를 다녀보고 컨설팅을 하다보면 많은 소상공인들이나 중소기업의 경우 바쁘다는 이유로 업무효율을 높일 수 있는 새로운 것에 대해서 배울 엄두를 내지 못하는 경우가 많습니다. 실질적으로 짧게는 몇분에서 몇십분만 투자해도 업무효율을 높일 수 있는 기능들이 많이 있는데 제대로 배워볼 생각을 하지 못하는 모습들을 보면 안타까울 따름입니다.

4차 산업혁명 시대! 공공기관이나 기업체에서 스마트폰 및 SNS도구 활용에 대한 교육이 단타성이 아니라 심도있게 제대로 배워서 실전에서 활용할 수 있는 교육시스템이 만들어지면 하는 바람이 간절합니다.

▣ 스마트워크 시스템이 중요한 이유?

이번에는 4차 산업혁명 시대! 1인 기업가 및 소상공인분들에게 왜? 스마트워크 교육이 필요한지에 대해서 설명하고자 합니다.

특히나 재취업 및 창업을 준비하는 분들과 1인 기업 및 소상공인들이라면 스마트폰 활용 및 SNS 도구 활용에 대해서 제대로 배우고 익혀서 업무에 활용할 필요가 있습니다.

큰 이유 중의 하나는 현재 기업이 과거의 방식대로 일을 해서는 소상공인들의 생존 주기가 3~5년이 지나면 30%가 채 안 된다는 것입니다.

일의 효율성과 효과성을 극대화할 수 있는 시스템을 갖추지 않으면 치열한 비즈니스 세계에서 견디기 힘들다는 것을 보여주는 예입니다.

경영학적인 측면에서 보면 일의 효율성은 과정을 얘기하고 효과성은 결과를 얘기합니다. 쉽게 말하면 적은 시간 들여서 최대의 성과를 낸다는 것이고 더 쉽게 말하면 적은 돈 들여서 큰돈을 번다는 뜻입니다.

현재 많은 1인 기업 및 소기업의 경우 스마트폰과 SNS 도구를 제대로 활용하는 기업은 만족할 만한 업무성과를 내고 매출이 증대되는 효과를 톡톡히 보고 있습니다.

단순한 예로 직원 10명이 스마트폰 활용과 SNS 도구(스마트워크 앱, 유튜브, 블로그, 크롬 웹스토어 확장 프로그램, 협업프로그램 등등)를 2~30시간 정도만 제대로 배우고 익힌다면 일을 효율적으로 할 수 있는데 직원 1명당 하루에 최소 30분 정도는 절약(Save)할 수 있을 것입니다.
(소기업 소유주들이 가장 도입하고 싶은 게 스마트워크 시스템입니다) 직원이 10명이라면 하루면 300분, 한 달 20일 근무한다고 가정하면 한 달에 6,000분을 절약할 수 있고 시간으로 따지면 100시간을 다른 일에 사용할 수 있다는 계산이 나옵니다.

경제적으로 힘든 기업 입장에서는 더더욱 스마트폰 및 SNS 활용에 대해서 보다 체계적으로 배우고 익혀서 임직원들이 제대로 활용하고 협업시스템을 구축해야 할 것입니다.

스마트폰 및 SNS 도구들을 활용해서 업무 효율을 높일 수 있는 일들에는 무엇이 있을까? 몇 가지만 살펴보도록 하겠습니다.

2023년 4월 현재 대한민국 국민 5,162만 명 중에 50세 이상이 2천 2백만 명이 넘었고 60세 이상이 1,400만 명, 65세 이상이 900만 명이 넘는 세상입니다. 초고령화 시대로 달려가고 있는 대한민국의 인생 2막을 준비하는 시니어들은 스마트폰 및 SNS 도구들을 제대로 활용하지 못하고 있는 게 현실입니다.

교육을 다녀보면 아직도 스마트폰 자판에 있는 마이크 기능을 사용해 문자를 보내거나 메모하는 것을 모르는 경우가 많습니다. 수강생 중에 10% 정도만 알고 있는 게 현실입니다.

노트북이나 컴퓨터에서도 자판을 치지 않고 음성으로 말하면 타이핑을 할 수 있습니다.

A4 크기 한글 문서에 자판을 입력하는데 젊은 친구들이 5분이면 할 내용을 30분이 넘도록 타이핑만 하는 경우 업무 효율이 떨어지는 것은 자명한 사실입니다.
이제는 스마트폰 자판이나 노트북 자판을 치지 않아도 서류나 책에 있는 글자들을 몇초 만에 추출할 수 있습니다. 한국어뿐만 아니라 영어 일본어 중국어 등 다양한 외국어까지 가능합니다.

스마트폰 앱이나 PC에서 제공하는 쉽고 빠르게 디자인 작업을 할 수 있는데도 불구하고 아직도 디자이너를 고용해서 고정비 지출을 감당하고 있는 소상공인들이 많습니다.

관점을 조금만 바꿔보면 돈 안 들이고 쉽게 배워서 할 수 있는 일들을 소상공인 대부분이 경험하지 못한 탓에 바쁘다는 이유로 교육받을 시간을 할애 못 하는 경우가 매우 안타깝습니다.
소상공인들을 컨설팅하는 교수님들이나 경영지도사 및 강사들이 이런 도구 활용에 대해서 제대로 배우고 익혀서 시간을 제대로 내지 못해 교육을 못 받는 소상공인 사업자들에게 전달해주면 더할 나위 없이 좋을 것입니다.

물건을 판매하는 사람들의 경우 네이버 오피스나 구글 양식에서 주문서를 만들어서 주문을 받게 되면 수천 명의 주소록도 몇 분 만에 정리해서 택배회사에 보내서 택배 송장을 출력해서 받을 수 있습니다.
이런 노하우를 모르는 소상공인들은 어떻습니까?

몇 날 며칠을 택배 송장을 출력하기 위해서 엑셀에 주문서를 입력하고 있는 게 안타까운 현실입니다.

위에 설명한 일부 예처럼 쉽고도 빠르게 일의 효율성과 효과성을 극대화할 방법들이 많은데 1인 기업가 및 소상공인들이나 창업을 준비하는 분들을 보면 대부분은 스마트폰 및 SNS 도구들에 대해서 제대로 알고 있지 않다 보니 업무 효율이 떨어지는 것은 당연한 일입니다.

시니어 실버들의 경우에는 더더욱이나 기능 활용에 익숙지 않다 보니 뭘 하나 하더라도 시간이 오래 걸리게 됩니다.

강의를 하다 보면 필요성은 인지하면서도 제대로 배우고 익혀서 활용을 하려고 하는 사람들은 많지 않은 현실이 안타깝기 그지없습니다.

왜 배워서 활용을 하지 않냐고 물어보면, 대부분 바빠서 할 시간이 없다고 말합니다. 바쁜데 돈은 잘 벌고 계시냐고 물어보면 돈은 또 못 벌고 있다고 합니다. 왜 자영업자들이나 소상공인들이 3~5년 이내에 성공할 확률이 30% 미만인지 알게 되는 현실입니다.

소상공인들의 경우에 가장 먼저 스마트폰 및 SNS 도구들을 활용해서 업무 효율을 높이는 방법에 대해서 배우고 익혀서 스마트워크 시스템 구축을 해야 할 것입니다.
1인 기업가인 강사들도 마찬가지입니다.

강사야말로 자신을 홍보하고 업무 효율을 단축할 방법에 대해서 제대로 배우고, 익혀야 일의 효율성과 효과성을 극대화할 수 있습니다.

SNS소통연구소가 14년 교육을 해오면서 느끼는 것은 교육 일선에 있는 교수님, 선생님, 강사들이 먼저 배우고 익혀서 전달해야 하는데 그렇지 않은 현실이 안타깝습니다.

강사분들은 자기 계발에 많은 시간과 돈을 쓰고 있지만 정작 스마트폰 및 SNS 도구 활용에 대해서는 등한시하는 경우가 많습니다.

이 책에서 설명하고 있는 부분을 2~3번만 반복해서 해본다면 어렵지 않게 업무에 적용할 수 있으니 꼭 활용해보시기를 바랍니다.

SNS소통연구소는 전국 73개의 지부 및 지국이 운영되고 있어 많은 지역에서 교육을 수강하실 수도 있으며 줌(ZOOM)을 통한 비대면 교육도 매월 진행되고 있으니 언제든지 문의해 주시기를 바랍니다.

memo

 **이젠 자판치지 말고 음성으로 타이핑하자**

■ 스마트폰에서 음성으로 자판치기 – 메시지

  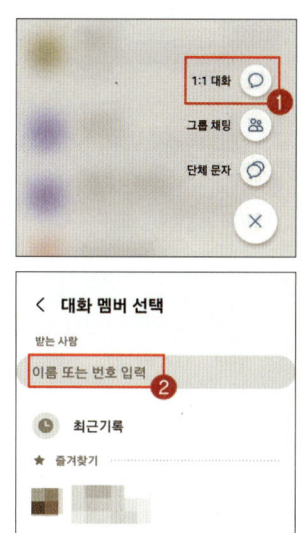

1️⃣ 스마트폰 홈 화면 [메시지]를 터치합니다. 2️⃣ 채팅 화면 하단 오른쪽 [말풍선]을 터치합니다. 3️⃣ 1:1 대화, 그룹 채팅, 단체 문자를 보낼 수 있습니다. ① [1:1 대화]를 터치하여 받는 사람 ② [이름 또는 전화번호]를 입력 후 검색하여 받는 사람을 선택합니다.

 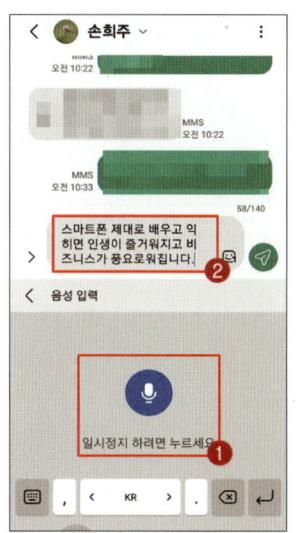 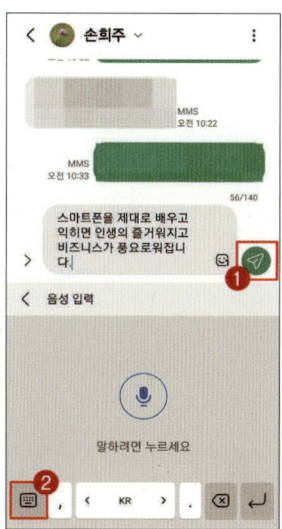

1️⃣ ① [대화창]을 터치하면 키보드가 나타납니다. 키보드 상단 메뉴의 ② [마이크]를 터치합니다. 2️⃣ ① [마이크]가 파랗게 활성화될 때 보내고 싶은 메시지를 말을 하면 ② [대화창]에 말한 내용이 [텍스트]로 변환이 됩니다. 파랗게 활성화되어있는 [마이크]를 터치하면 [일시 정지]가 됩니다. 추가로 메시지를 쓰려면 다시 [마이크]를 터치하여 말을 합니다. 3️⃣ 대화창의 글을 확인한 다음 오타가 없으면 ① [전송]버튼 터치, 오타가 있는 경우 ② 하단 왼쪽 [키보드]버튼을 터치하여 글을 수정한 다음 보내면 됩니다.

■ 스마트폰에서 음성으로 자판치기 - 카카오톡

1 스마트폰 홈 화면 [카카오톡]을 터치합니다. **2** 하단 메뉴 채팅 ① [말풍선]을 터치하여 대화를 나누고 싶은 사람을 선택합니다. 대화할 친구는 상단 메뉴의 ② [돋보기] 검색 아이콘을 터치하여 검색하여 선택할 수도 있습니다. **3** ① [대화창]을 터치하면 키보드가 나타납니다. 키보드 상단 메뉴의 ② [마이크]를 터치합니다.

1 ① [마이크]가 파랗게 활성화될 때 보내고 싶은 메시지를 말을 하면 ② [대화창]에 말한 내용이 [텍스트]로 변환이 됩니다. 파랗게 활성화되어있는 [마이크]를 터치하면 [일시 정지] 됩니다. 말할 때 발음이 정확하지 않으면 오타가 생길 수 있습니다. 대화창의 글을 확인한 다음 오타가 없으면 ③ [전송]버튼 터치, [오타가 있는 경우] 하단 왼쪽 ④ [키보드]버튼을 터치합니다. **2** ① [오타가 있는 곳]을 살짝 터치하여 수정할 글을 ② [키보드의 지우기]로 지우고 수정합니다. **3** 글을 확인 후 [전송]버튼을 터치하면 메시지가 보내집니다.

■ PC에서 음성으로 자판치기 - 구글 문서

▶ PC에서 [크롬]을 클릭합니다. 구글 문서를 사용하기 위해 구글 계정에 ① [로그인]을 합니다.
　② [구글 앱]을 누른 다음 ③ [드라이브]를 클릭합니다.

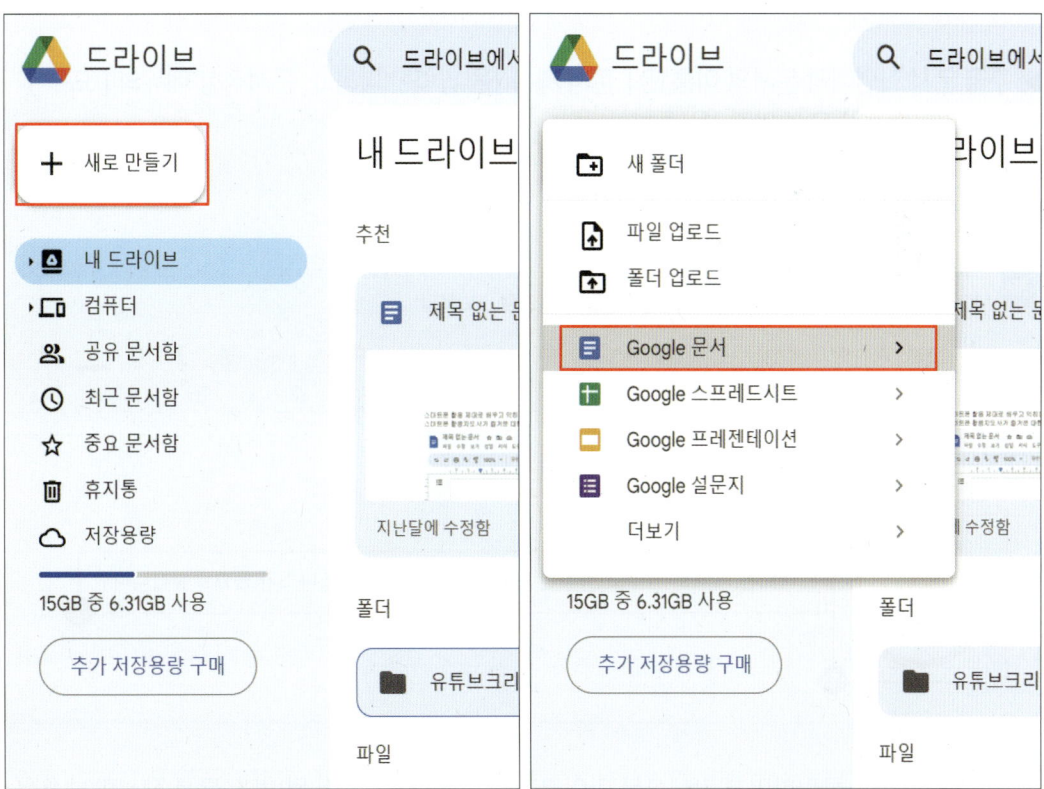

1 구글 드라이브 창에서 [+ 새로 만들기]를 클릭합니다.
2 [Google 문서]를 클릭합니다.

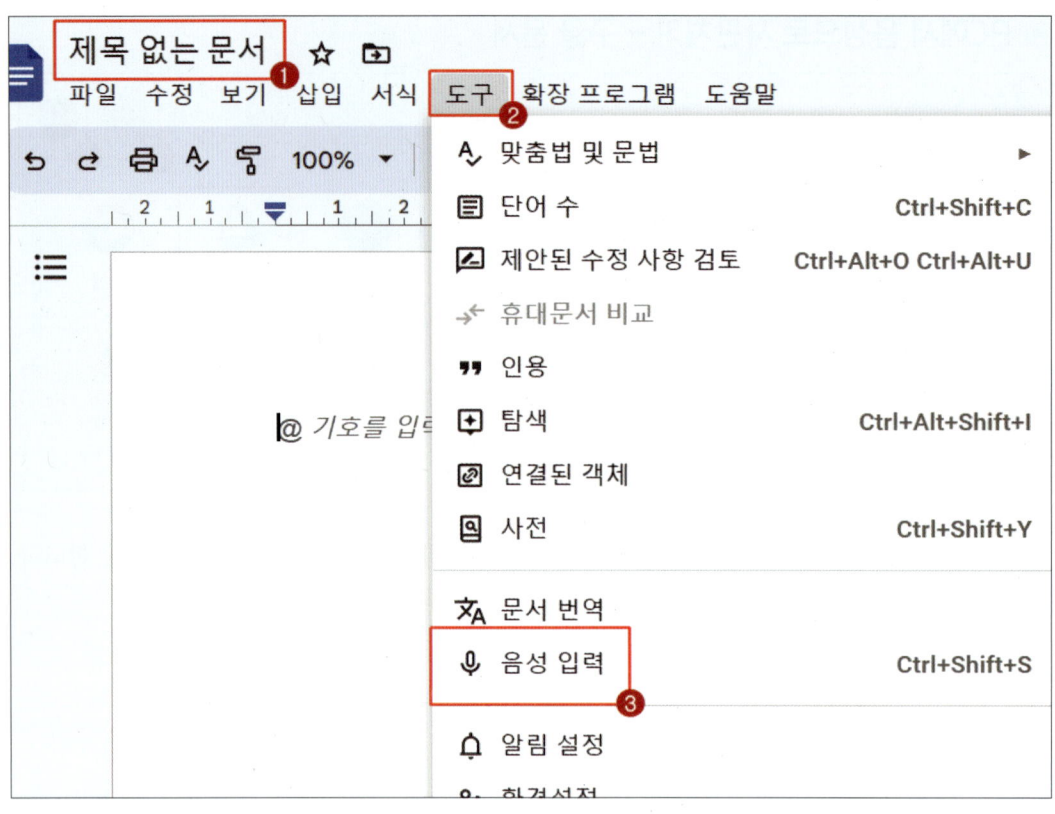

▶ 구글 문서 화면에서 문서의 이름 ① [문서 제목]을 입력한 다음 ② 문서작성 메뉴의 [도구]를 클릭하여 ③ [음성 입력]을 클릭합니다.

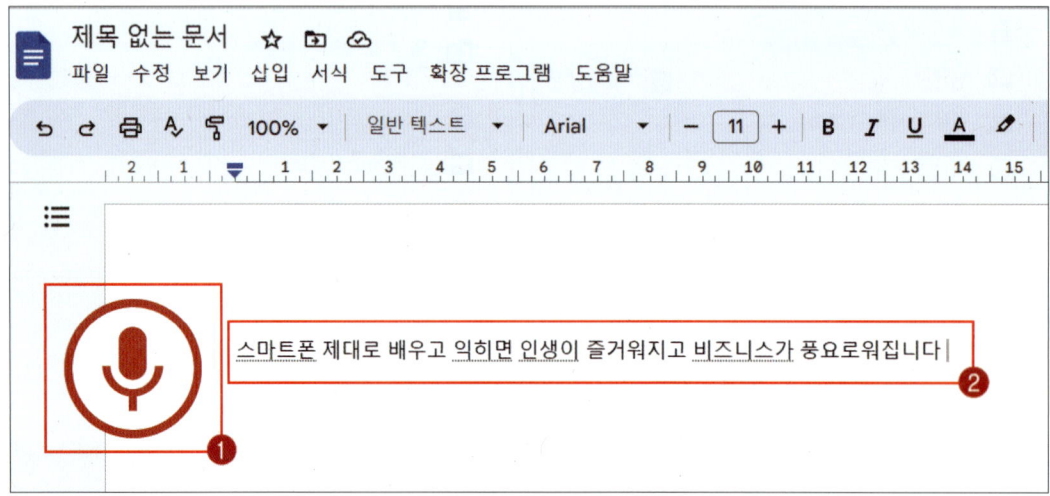

▶ ① [마이크]를 클릭하면 빨간색으로 마이크가 변할 때 말을 하면 됩니다. 문서 작성할 내용을 말을 하면 내용이 ② [텍스트]로 변환이 됩니다. 이때 발음이 정확하지 않으면 오타가 생길 수 있습니다.

■ PC에서 음성으로 자판 치기 - Speech Recognition Anywhere

▶ PC에서 [크롬]을 클릭합니다. 크롬 웹브라우저의 상단 왼쪽 [구글 앱]을 클릭합니다.

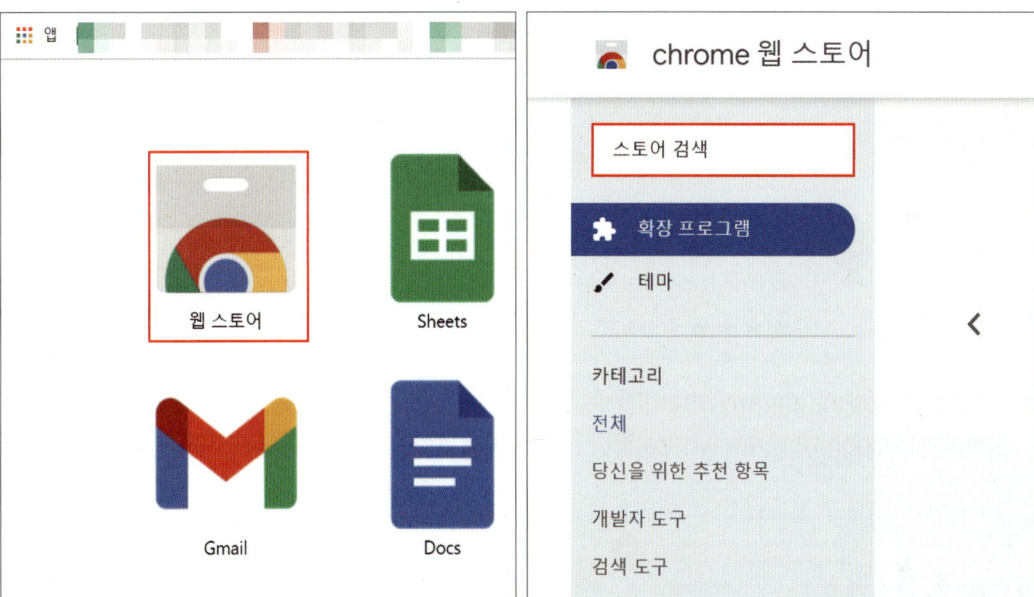

1 [웹 스토어]를 클릭합니다.
2 크롬 웹 스토어의 [스토어 검색]을 클릭하여 [Speech Recognition Anywhere]를 입력하고 클릭합니다.

▶ 크롬 확장 프로그램에 추가하기 위해 [Speech Recognition Anywhere]를 클릭합니다.

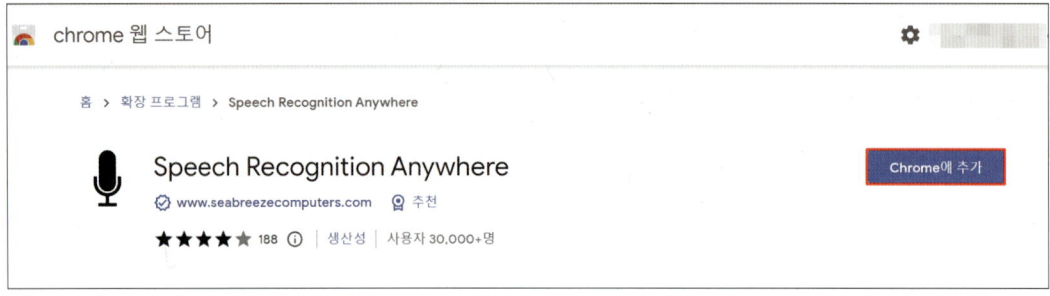

▶ 확장 프로그램 Speech Recognition Anywhere를 [chrome에 추가]를 클릭합니다.

▶ 'Speech Recognition Anywhere'를 추가하시겠습니까? [확장 프로그램 추가]를 클릭합니다. Speech Recognition Anywhere 확장 프로그램을 핀 고정하여 사용하면 편리합니다.

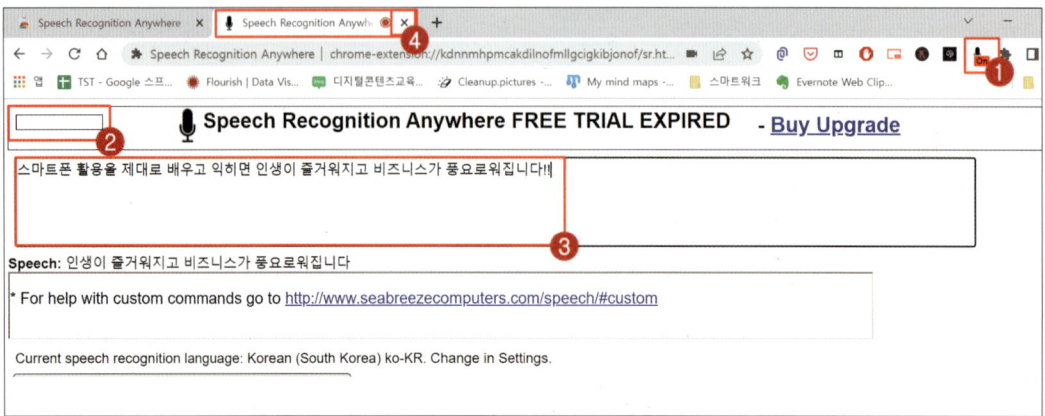

▶ ① [Speech Recognition Anywhere]를 클릭하여 말을 하면 ② [네모 박스]가 빨간색으로 움직이며 말한 내용이 ③ [텍스트]로 변환이 됩니다. 이때 발음이 정확하지 않으면 오타가 생길 수 있습니다. Speech Recognition Anywhere 확장 프로그램을 닫을 때는 ④ [X]를 클릭하면 됩니다. PC 크롬 웹브라우저에서 네이버 블로그 글쓰기 할 때 [Speech Recognition Anywhere]를 활용하시면 아주 쉽게 글을 작성할 수 있습니다.

▣ 스마트폰 음성으로 일기 쓰기 - 네이버 밴드

[네이버 밴드] 앱(APP)의 장점
▶ 네이버 밴드 앱(App)은 무료입니다.
▶ 네이버 아이디만 있으면 누구나 쉽게 접근할 수 있습니다.
▶ 용량 제한 없이 사진과 3분 미만 영상을 무제한 저장할 수 있습니다.
▶ PC와 스마트폰 어느 환경이든 쉽고 빠르게 접속하여 업로드, 파일확인, 다운로드가 자유롭습니다.

1) 개인용 밴드 만들기

 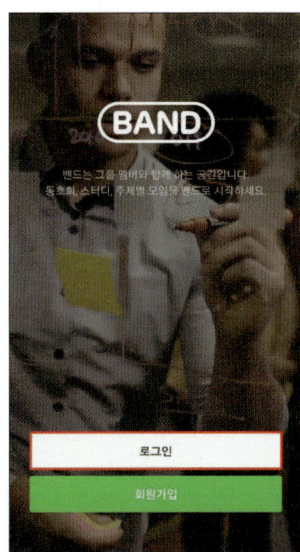 

1 ① [play 스토어]에서 [네이버 밴드] 검색합니다. 설치 후 ② [열기]를 터치합니다.
2 네이버 밴드를 이용하기 위해 [로그인]을 터치합니다. 3 [네이버로 로그인]을 터치합니다.

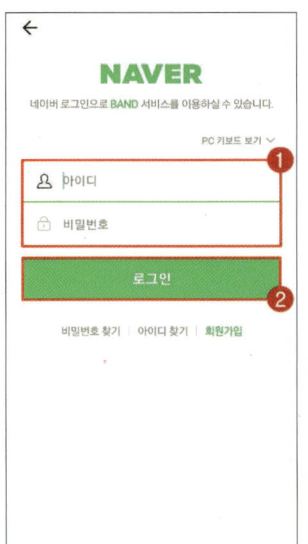 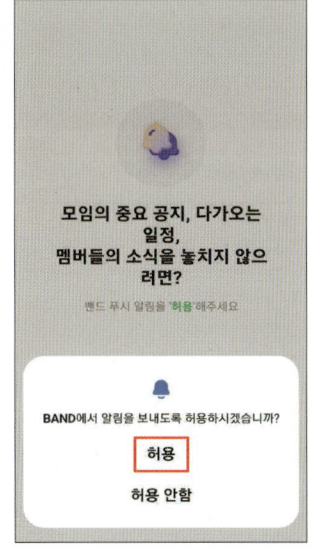 

1 ① 네이버 [아이디와 비밀번호] 입력 후 ② [로그인]을 터치합니다. 2 밴드 푸시 알림 [허용]을 터치합니다. 3 개인 밴드를 만들기 위해 밴드 홈 화면 상단 오른쪽 [+]을 터치합니다.

 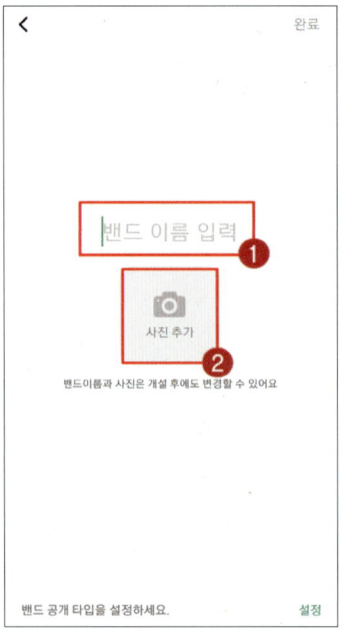 

1 만들고 싶은 모임을 선택하세요. 화면에서 [직접 만들기]를 터치합니다.
2 ① [밴드 이름]을 입력합니다. ② 개인 밴드 커버 이미지를 넣기 위해 [사진 추가]를 터치합니다. [기본 커버 선택, 카메라, 앨범에서 선택] 중 하나 선택합니다.
3 BAND에서 기기의 사진, 동영상, 음악, 오디오에 액세스하도록 [허용]을 터치합니다.

 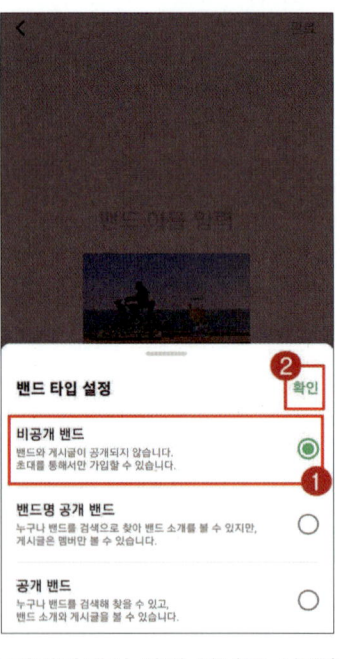 

1 [앨범에서 선택]을 터치하여 갤러리에서 사진 하나를 선택합니다. ① [사각 프레임]을 움직여 사진 크기와 위치를 조정한 다음 상단 오른쪽 ② [∨]을 터치합니다. 2 하단 밴드 공개 타입 설정을 위해 오른쪽 [설정]을 터치합니다. 밴드 타입 설정은 비공개 밴드, 밴드명 공개 밴드, 공개 밴드 중 하나를 선택합니다. ① [비공개 밴드]를 선택한 다음 ② [확인]을 터치합니다.
3 상단 오른쪽 [완료]를 터치하면 개인 밴드가 만들어집니다.

2) 일반 글쓰기 - 음성으로 글을 쓰고 일기를 써보자

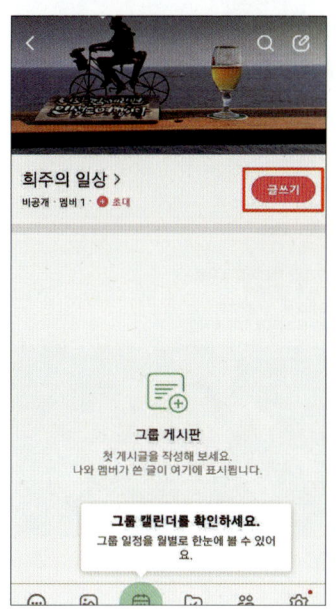  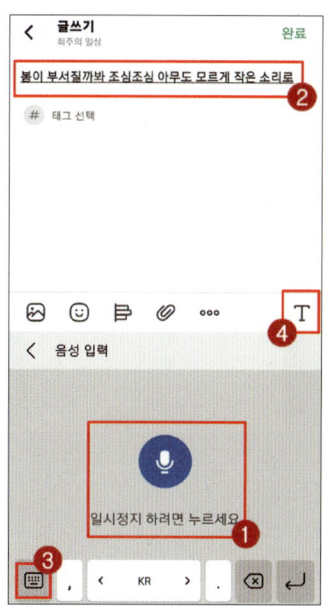

1️⃣ [글쓰기]를 터치합니다. 2️⃣ ① [여기를 눌러 새로운 소식을 남겨보세요.]를 터치하면 키보드가 나타납니다. ② 키보드 메뉴 [마이크]를 터치합니다. 3️⃣ ① [마이크]가 파랗게 활성화될 때 말을 하면 말한 내용이 ② [텍스트]로 변환이 됩니다. 파랗게 활성화되어있는 [마이크]를 터치하면 [일시 정지]되고 추가 글을 적을 때 다시 [마이크]를 터치합니다. 말할 때 발음이 정확하지 않으면 오타가 생길 수 있습니다. ③ 하단 왼쪽 [키보드]모양을 터치하여 오타를 수정합니다. ④ [T]를 터치하여 글씨의 [크기, 굵기, 기울기, 밑줄, 글자 색]을 넣을 수 있습니다.

1️⃣ 글에 사진을 첨부할 수 있습니다. 하단의 여러 메뉴 중 왼쪽 [이미지] 모양을 터치하여 갤러리에서 사진 하나를 가져옵니다. 사진을 올릴 때 그냥 올리기 또는 앨범을 만들어서 올릴 수도 있습니다. 2️⃣ 사진 확인 후 상단 [완료]를 터치합니다. 3️⃣ 글 수정을 위해 [점 3개]를 터치합니다.

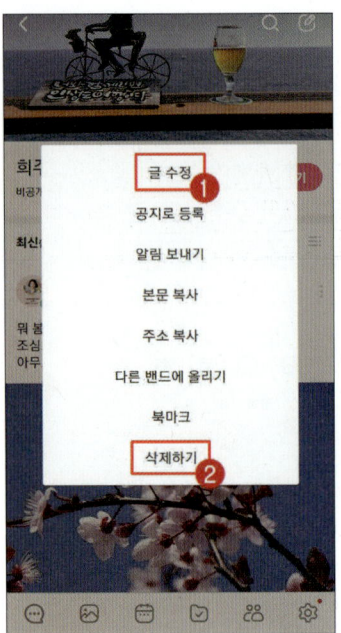  

1 ① [글 수정]을 터치하여 글을 수정할 수 있고 ② [삭제하기]를 터치하여 글을 삭제할 수도 있습니다. 2 ① [글 수정]을 터치하여 글을 수정한 다음 ② [완료]를 터치합니다.
3 밴드 하단 오른쪽 [설정] 아이콘을 터치합니다.

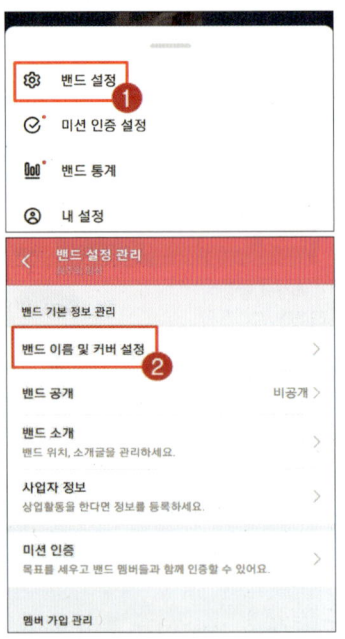  

1 ① [밴드 설정]을 터치합니다. 밴드 설정 관리 화면에서 ② [밴드 이름 및 커버 설정]을 터치하여 [밴드 이름과 사진, 커버 색]을 변경할 수 있습니다. 2 ① [파일, 동영상 보관설정]을 터치합니다. [대용량 파일, 라이브 영상 보관 방법]을 터치합니다. [저장공간에 보관]을 터치하고 [확인]을 누르면 저장공간 용량 내에서 영구 보관됩니다. ② [밴드 삭제하기]를 터치하여 밴드를 삭제할 수 있습니다. 3 네이버 밴드 홈 화면에 개인 밴드 [희주의 일상]을 확인할 수 있습니다.

스마트폰 사용이 즐거워지는 카카오톡 꿀팁

■ 카톡에서 음성으로 카톡 보내기

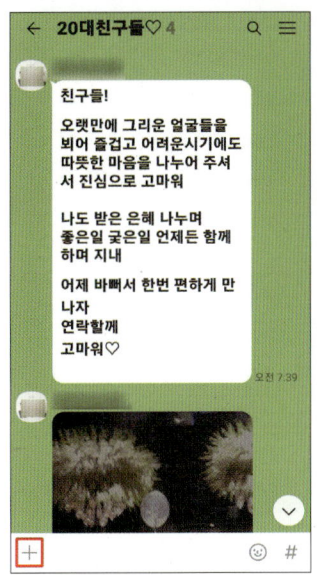  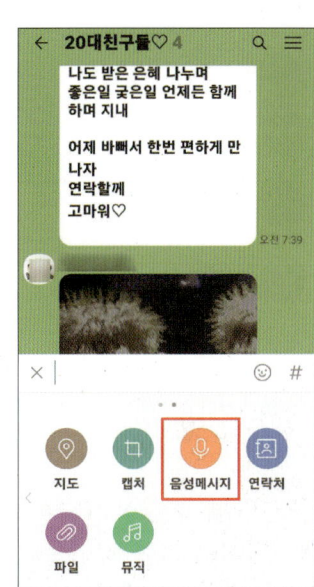

1️⃣ 음성메시지를 전송할 채팅방의 대화 입력창에서 왼쪽 [+] 표시를 터치합니다.
2️⃣ 여러 종류의 아이콘 중 [음성메시지]가 보이지 않으면 오른쪽 꺾쇠 표시 [>]를 터치합니다.
3️⃣ [음성메시지] 아이콘을 터치합니다.

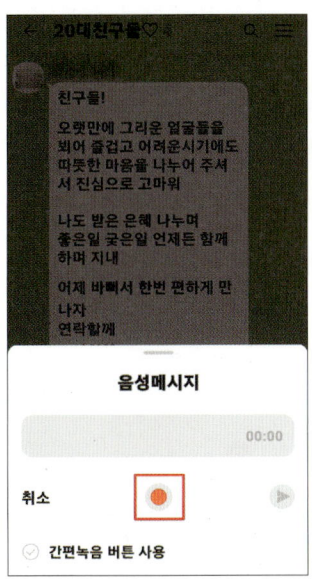  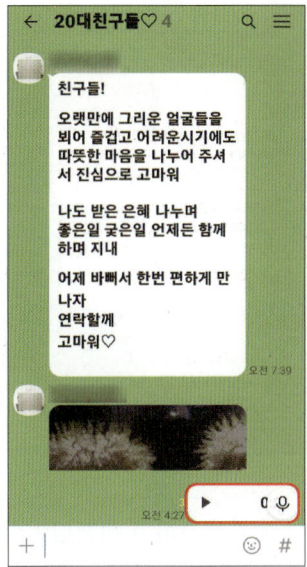

1️⃣ 음성메시지를 녹음하기 위해 빨간 원형 버튼 [🔴]을 터치합니다. 2️⃣ 전달할 내용을 말을 하고 말이 끝나면 ① 멈춤 버튼 [■]을 터치하여 녹음을 마치고 ② [전송] 버튼을 터치합니다.
3️⃣ 채팅방에 음성메시지 [녹음 파일]이 전송된 것을 확인할 수 있습니다.

◼ 카톡 책갈피 활용하기

카카오톡 채팅방에는 많은 대화 내용이 있습니다. 수많은 대화 중 중요한 내용을 표시하고 바로 체크할 수 있는 [책갈피 설정] 기능을 알아보겠습니다.

  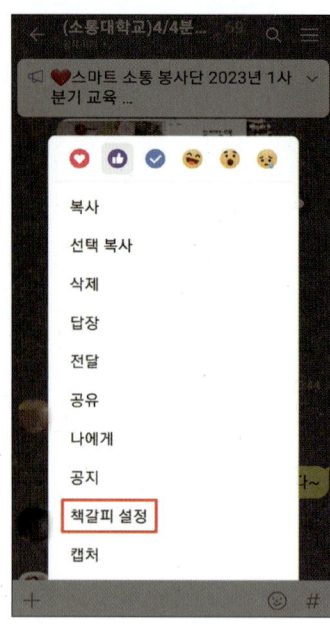

1️⃣ 책갈피 설정을 할 채팅방을 터치하고 들어갑니다. 2️⃣ 채팅방에서 책갈피 설정을 원하는 대화를 꾹 눌러줍니다. 3️⃣ 목록에서 [책갈피 설정] 탭을 선택합니다.

1️⃣ ① [책갈피가 설정되었습니다.]라는 문구와 함께 ② [책갈피] 아이콘이 생겼습니다. 책갈피 아이콘을 터치하면 ③ 해당 대화창으로 빠르게 이동할 수 있습니다. 2️⃣ 책갈피는 한 개의 채팅방에 최대 [10개까지] 등록할 수 있습니다. ① 다중 책갈피 아이콘을 터치하면 ② 책갈피 목록이 열립니다. [편집]을 터치합니다. 3️⃣ 책갈피 목록을 일괄적으로 확인할 수 있습니다.
① 각각의 책갈피별로 [수정 및 해제]를 할 수 있으며 ② [전체 해제]도 가능합니다.

샵(#) 기능 활용하기

카카오톡의 샵 검색 기능은 원하는 키워드를 입력하면 바로 검색 결과를 확인할 수 있는 기능으로 카카오톡 안에서 모든 것을 해결하도록 카카오의 다양한 서비스와의 연계도 계속 확대 중입니다.

1 채팅방 대화 입력창 우측의 [#] 버튼을 터치합니다. 2 ① 최근 세간의 화두가 되는 키워드 [chatgpt]를 입력하면 ② 관련 검색어가 상단에 뜨는 것을 확인할 수 있습니다. ③ [검색] 아이콘을 터치합니다. 3 ① chatgpt와 관련된 내용들을 [카테고리]별로 보여줍니다. ② 통합 웹과 관련된 검색내용들입니다. ③ 하단에는 [연관 검색어]들을 보여줍니다.

1 ① [동영상] 카테고리 목록 중 ② 특정 동영상을 터치하여 [유튜브 동영상을 시청]할 수 있습니다. ③ 카카오톡 아이콘을 터치하면 동영상의 [유튜브 주소가 공유]되며 ④ [공유하기]를 터치하면 [동영상 카테고리 페이지가 공유]됩니다. 2 첫 번째 이미지 ②번이 공유된 유튜브 동영상 화면 3 ①번은 첫 번째 이미지 ③번의 특정 유튜브 동영상만 공유되었고, ②번은 첫 번째 이미지 ④번의 동영상 카테고리 전체가 공유되었습니다.

■ 카톡 저장공간 확보하기

카카오톡에서는 메시지, 사진, 동영상, 파일 등을 주고받는 일이 많습니다. 이런 파일들은 데이터 폴더 형태로 저장되기 때문에 휴대전화 용량을 많이 차지하게 됩니다. 카카오톡의 원활한 사용 환경을 위해 카카오톡 용량을 정리하여 저장공간 확보를 할 필요가 있습니다.

1) 캐시 데이터 삭제

1 ① 카카오톡 상단 우측 톱니바퀴 모양의 [설정] 아이콘을 터치합니다. ② 설정에서 [전체 설정]을 터치합니다. **2** 설정 화면의 하단 [앱 관리]를 터치합니다. **3** 앱 관리에서 [저장공간 관리]를 터치합니다.

 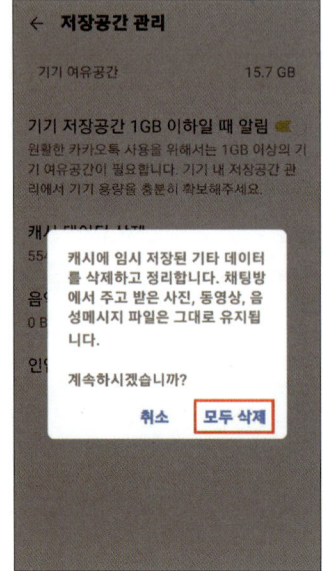 

1 ① [캐시 데이터 삭제] 및 [음악 캐시 데이터 삭제] 탭의 데이터 용량 확인 후 삭제할 캐시 데이터를 터치합니다. **2** [모두 삭제]를 터치합니다. **3** [캐시 데이터가 모두 삭제]되었음을 확인할 수 있습니다.

2) 미디어 데이터 파일 삭제

활동 중인 채팅방에는 텍스트 파일보다 용량이 큰 사진, 동영상 등 미디어 파일들이 남아 있기 때문에 필요 없는 미디어 파일들을 삭제하면 더 많은 저장공간을 확보할 수 있습니다.

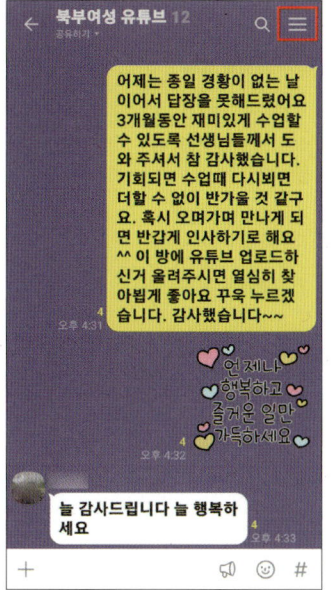  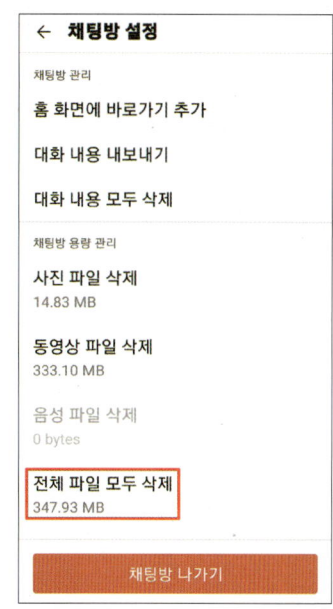

1 채팅방 상단 우측의 가로 3줄 [더보기] 버튼을 터치합니다. 2 채팅방 서랍 하단 우측 톱니바퀴 모양의 [설정] 아이콘을 터치합니다. 3 채팅방 설정 화면의 채팅방 용량 관리 카테고리 확인 후 삭제할 파일을 선택합니다. 파일 전체 삭제를 원한다면 [전체 파일 모두 삭제]를 터치합니다.

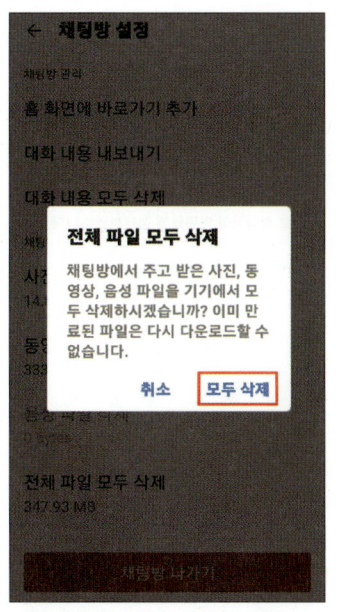 

1 [모두 삭제]를 터치하여 [저장공간을 확보]합니다. 2 전체 파일이 모두 삭제되었음을 확인할 수 있습니다.

※ 미디어 파일을 삭제하면 이미 만료된 파일은 다시 다운로드할 수 없습니다.

◼ 대화 내용 내보내기

카카오톡 톡서랍 서비스를 활용하여 대화 내용, 사진, 영상 및 파일 등을 간편하게 백업할 수 있습니다. 그런데 톡서랍을 사용하지 않아도 대화 내용을 백업하는 방법도 있습니다. 대화 내용 내보내기 기능은 채팅방별로 대화 내용을 백업하는 방법입니다.

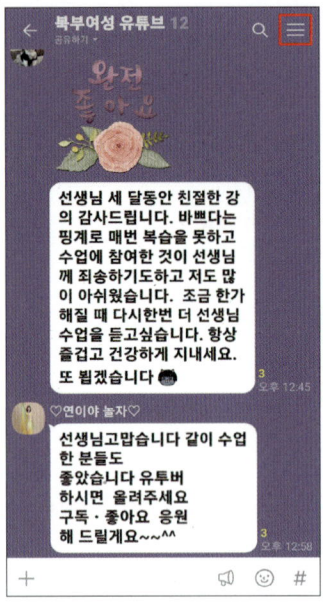  

❶ 채팅방 상단 우측의 가로줄 3개 [더보기] 버튼을 터치합니다. ❷ 채팅방 서랍 하단 우측 톱니바퀴 모양의 [설정] 아이콘을 터치합니다. ❸ 채팅방 설정에서 [대화 내용 내보내기]를 터치합니다.

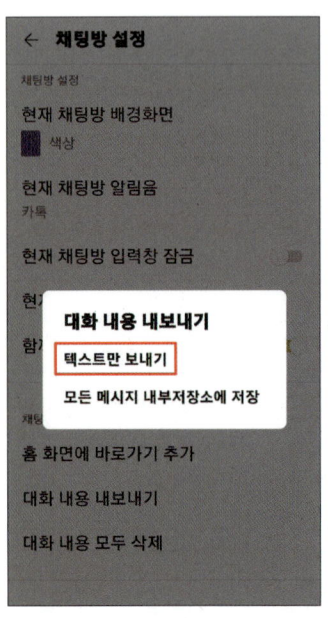  

❶ 두 가지 형태의 내보내기 방법 중 [텍스트만 보내기]를 터치하여 다운로드합니다. ❷ 다운로드된 파일은 공유도 가능하고 애플리케이션으로 연결도 가능합니다. ① [더보기]를 터치하여 ② [네이버 메일]을 선택합니다. ❸ ① [내게 쓰기]를 터치하고 ② [전송] 아이콘을 눌러줍니다.

1 [네이버 메일 앱]을 실행하여 로그인하고 [내게 쓴 메일함]을 확인합니다.
2 내게 쓴 메일함에서 [카카오톡 대화 메일]이 도착하였는지 확인하고 열어봅니다.
3 클립 모양의 [첨부 파일] 아이콘을 터치하여 확인합니다.

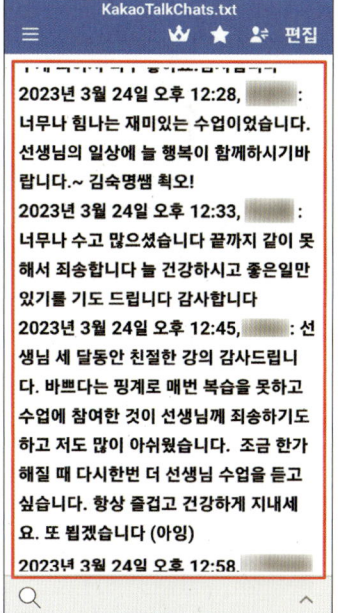

1 ① [네이버 MY BOX] 클라우드, ② 휴대전화의 [내 파일] 등에 파일을 저장할 수 있습니다.
③ 연결 프로그램을 이용해 바로 읽어볼 수도 있습니다. 2 ① [연결 프로그램]을 선택 후
② [한 번만]을 터치하면 3 메모장 형태의 [텍스트]로 바로 확인할 수 있습니다.

▣ 내 톡서랍 활용하기

카카오톡 톡서랍은 카카오톡에서 주고받은 모든 파일들을 모아서 보여주는 서비스로 무료로 이용할 수 있습니다. 톡서랍 이용 중 상품 구독을 통해서 톡서랍 플러스를 이용하면 편리한 기능이 제공됩니다. **톡서랍 플러스**는 기존처럼 카카오톡에서 주고받은 미디어 파일을 모아 볼 수 있을 뿐 아니라 카카오톡 대화 및 미디어 **파일이 만료 없이 안전하게 보관**되며 **카카오톡 삭제 후 재설치하더라도 백업된 대화와 미디어 파일을 통해 복원**할 수 있습니다. 또한 **드라이브 기능**이 있어 사용자가 보관 중인 **개인 파일을 선택하여 톡서랍에 직접 업로드**할 수 있습니다. 보관된 카카오톡 데이터와 개인 파일은 태그 방식으로 데이터를 모아 볼 수 있으며, 폴더를 만들어 **폴더 및 파일 단위로 관리**할 수 있습니다.

1) 톡서랍 플러스 구독 절차

❶ ① 카카오톡 [더보기(⋯)] 메뉴에서 ② [톡서랍]을 터치합니다.
❷ [톡서랍 플러스 구독하기]를 터치합니다. ❸ [톡서랍 플러스 구독하기]를 터치합니다.

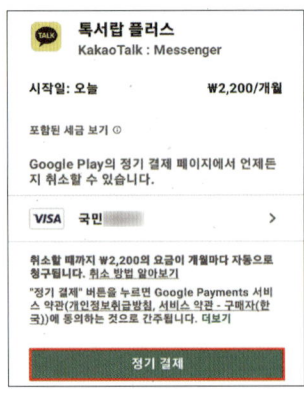 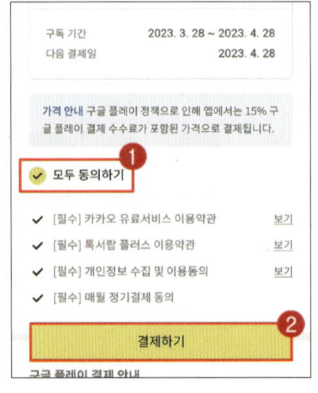 

❶ [정기 결제]를 터치합니다. ❷ ① [모두 동의하기]를 터치하고
② [결제하기]를 터치합니다. ❸ ① [시작하기]를 터치하여
② [데이터 암호화를 위한 비밀번호 등록/확인]과 [톡서랍 보안코드 발급] 절차를 안내 순서대로 진행하면 [톡서랍 플러스] 서비스가 시작됩니다.

※ 결제하기 과정에서 결제 수단별로 결제 진행 과정이 다를 수 있습니다.

2) 카카오톡 톡서랍 플러스 활용 방법 : 드라이브

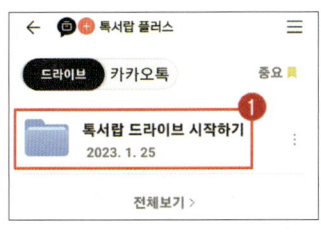

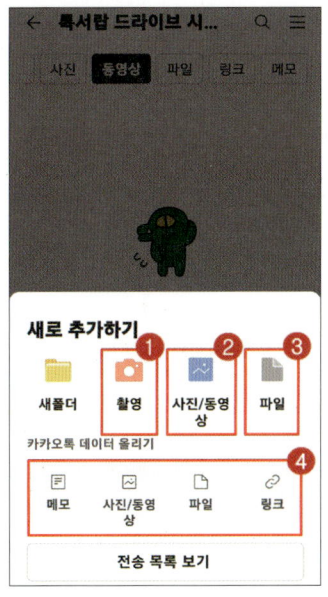
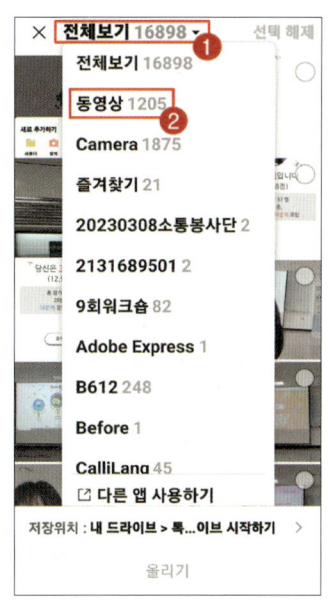

1 카카오톡 [더보기(…)]에서 [톡서랍]을 터치하면 [톡서랍 플러스] 화면이 열립니다. 드라이브를 먼저 살펴보겠습니다. ① [톡서랍 드라이브 시작하기]를 터치하고 ② 태그 중에서 [동영상] 태그를 선택합니다. ③ [+] 버튼을 터치합니다. 2 새로 추가하기 화면에서 ① 직접 [사진이나 동영상을 촬영]할 수 있고 ②, ③ [내 스마트폰에 있는 사진/동영상/파일 등을 업로드] 할 수 있습니다. ④ 내 [카카오톡의 메모, 사진/동영상, 파일, 링크] 등의 데이터를 올릴 수 있습니다. ②번의 [사진/동영상]을 터치합니다. 3 ① [전체보기]를 눌러 ② [동영상]을 선택합니다.

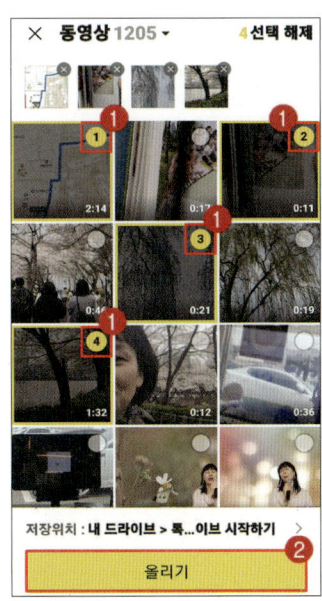

1 ① 업로드할 동영상 선택 후 ② [올리기]를 터치합니다. 2 톡서랍 드라이브 [동영상] 태그에 내 스마트폰의 동영상이 업로드된 것을 확인할 수 있습니다. 3 톡서랍 드라이브 홈 화면이나 ① 각각의 태그별 화면에서도 ② [+] 버튼을 눌러 폴더를 만들어 ③ [폴더 및 파일 단위 관리]도 가능합니다.

3) 카카오톡 톡서랍 플러스 활용 방법 : 카카오톡 데이터

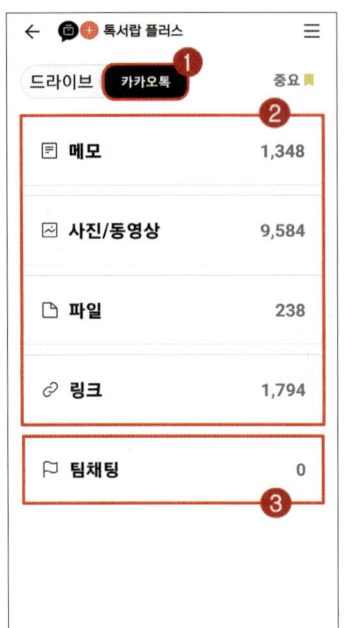  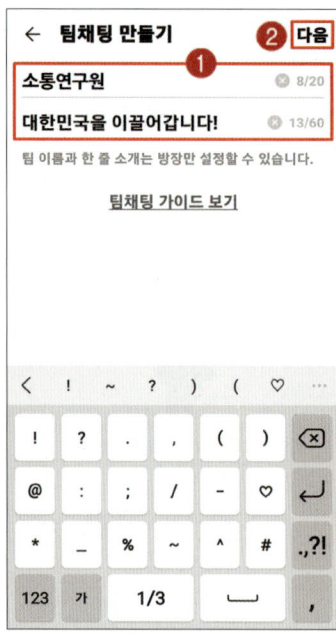

1 ① 톡서랍 플러스 홈 화면에서 [카카오톡]을 터치합니다. ② 메뉴, 사진/동영상, 파일, 링크 등 [카카오톡 데이터 메뉴]가 있습니다. ③ 먼저 [팀채팅]을 터치합니다. **2** [팀채팅 만들기]를 터치합니다. **3** ① [팀 이름] 및 [한 줄 소개] 설정 후 ② [다음]을 터치합니다.

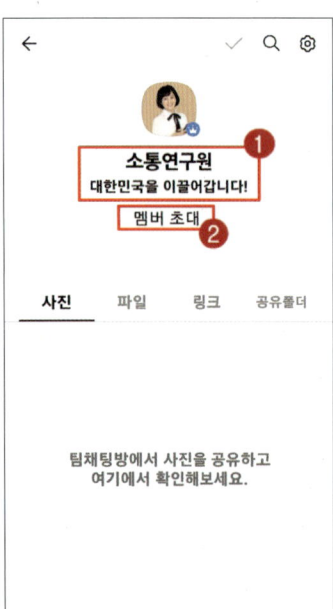  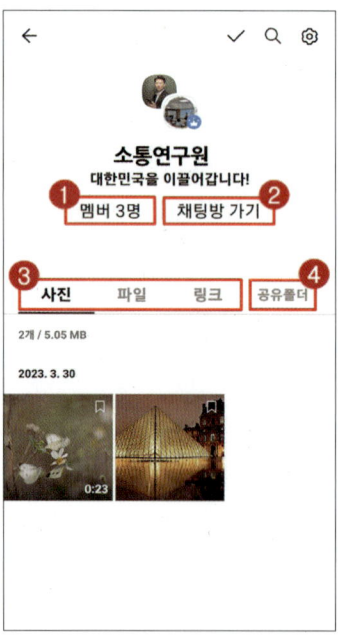

1 ① [팀채팅]이 만들어졌습니다. ② [멤버 초대]를 터치합니다. **2** ① [멤버 초대] 완료 후 ② 앞으로 가기(←) 버튼을 터치합니다. **3** ① 팀채팅 [멤버 구성이 완료]되었으며 ② [채팅방 가기]를 터치하면 카카오톡에 채팅방이 만들어진 것을 확인할 수 있습니다. 채팅방에서 나눈 대화 자료들은 ③ 톡서랍 플러스 팀채팅 화면에서 [사진, 파일, 링크] 등의 데이터로 [태그별 확인] 가능합니다. ④ 방장이 [공유폴더]를 만들면 이곳에서 폴더별로 데이터를 확인할 수 있습니다.

※ 카카오톡 플러스에서 팀채팅을 하게 되면 **나중에 참여한 멤버들도 참여 이전의 대화를 함께 볼 수 있으며**, 방장이 **공유폴더**를 만들어 폴더별 관리 및 팀원이 폴더별 데이터를 확인할 수 있습니다. 또한 **조용히 나가기 기능**이 있어 **개인의 프라이버시가 존중**됩니다.

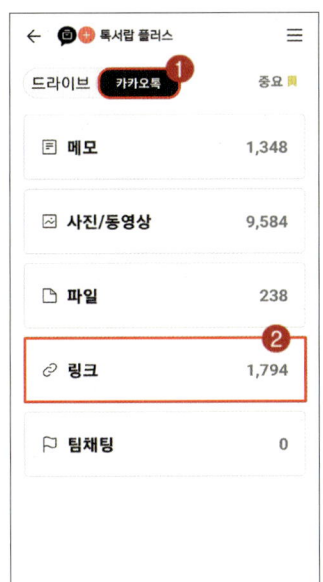

1 톡서랍 플러스 홈 화면 ① [카카오톡] 탭에서 ② [링크] 데이터를 터치하여 들어갑니다.
2 ① 카카오톡 채팅방별로 링크 데이터를 확인할 수 있습니다. ② 데이터들이 태그별로 분류가 되어 있는데 카카오톡에서 제공하는 [추천 태그]가 있으며 ③ [+태그 추가]를 눌러 나만의 태그를 추가로 생성할 수 있습니다. **3** 앞 그림에서 [+태그 추가]를 터치하여 ① [스마트봉사단] 태그를 신규 생성하였고 ② 원하는 데이터를 [선택적으로 업로드] 할 수 있습니다.

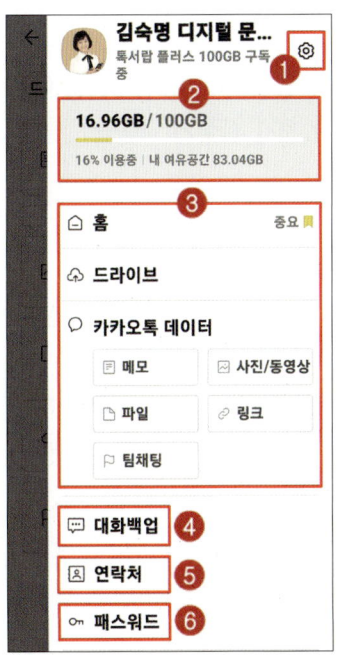

▶ 톡서랍 플러스 홈 화면에서 가로줄 3개 [더보기] 버튼을 터치하면 톡서랍 플러스 [전체 메뉴]를 확인할 수 있습니다.
① 톱니바퀴 모양의 [설정]에서는 나의 구독 정보, 데이터 이용정보 확인이 가능합니다. 또한 채팅방 데이터 관리, 과거 데이터 보관하기, 카카오톡 용량 관리, 톡서랍 보안코드 관리 등의 백업 관리 등을 확인할 수 있습니다.
② 나의 [데이터 이용 정보]를 확인할 수 있습니다.
③ [홈, 드라이브, 카카오톡 데이터] 메뉴를 터치하면 각각의 메뉴 화면으로 넘어갑니다.
④ [대화백업]은 백업 최종일시 및 백업 데이터양을 알려줍니다.
· 톡서랍 가입 이후 데이터만 실시간 자동 백업이 가능합니다.
· 톡서랍에 보관되는 카카오톡 대화 내용은 안전하게 암호화되며, 카카오톡 재설치 시 복원할 수 있습니다.
· 톡서랍 가입 이전 데이터 보관을 완료하지 않거나, 채팅방 나가기, 메시지 삭제한 경우 재설치 시 복원이 불가능합니다.
⑤ [연락처]에서는 나의 연락처 보관 및 최근 백업으로부터 이전 백업으로 복원하기 기능이 있으며 내 백업 과정 목록도 확인할 수 있습니다.
⑥ [패스워드]는 내가 자주 잊는 웹사이트의 아이디 및 비밀번호를 저장하여 필요시 확인할 수 있습니다.

■ 교통편 알아보기 : 카카오맵

Play스토어에서 카카오맵을 설치하고 카카오 계정으로 로그인합니다. 로그인을 하면 후기, 톡친구 위치공유 등 더 많은 기능을 이용할 수 있습니다.

1) 첫 화면 및 대중교통

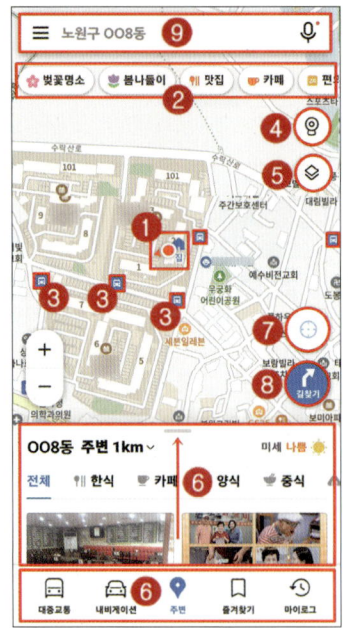 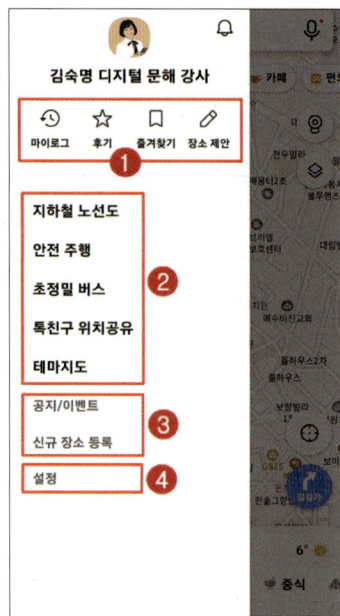 

1 첫 화면

① 카카오맵의 첫 화면은 현재 [내 위치와 주변 정보]를 보여줍니다. ② 나의 현 위치를 기반으로 [맛집, 검색어, 스팟, 축제] 등 유용한 정보를 탭별로 추천해 줍니다. ③ 내 주변 [정류장]을 보여줍니다. ④ [로드뷰]를 볼 수 있고 ⑤ [지도설정]과 [즐겨찾기] 추가 등을 할 수 있습니다. ⑥ [대중교통, 내비게이션, 주변, 즐겨찾기, 마이로그] 등 각각의 아이콘을 터치하면 이와 관련된 정보를 보여줍니다. 위로 슬라이딩을 하면 상세 정보를 확인할 수 있습니다. ⑦ [나침반 아이콘]을 8자 모양으로 움직이면 나침반 정확도를 개선할 수 있습니다. ⑧ [길찾기(교통편)]를 할 수 있습니다. ⑨ 상단 검색창에 [목적지]를 입력합니다.

2 더보기 메뉴

카카오맵 첫 화면에서 상단 좌측의 가로줄 3개 [더보기] 메뉴를 터치합니다. ① [마이로그, 후기, 즐겨찾기, 장소 제안] 등의 메뉴를 확인할 수 있습니다. ② 그 아래에서는 [지하철 노선도, 안전 주행, 초정밀 버스, 톡친구 위치공유, 테마지도]에 대한 자세한 안내를 확인할 수 있습니다. ③ 카카오맵의 [공지 및 이벤트]를 확인할 수 있고, [신규 장소 등록] 제안도 할 수 있습니다. ④ [설정]에서는 [앱 설정, 사용 기록 삭제, 인공지능 음성안내 기능 사용, 출발지를 현 위치로 설정] 등 중요 사항이 있으니 카카오맵을 이용하기 전 꼭 확인하시기를 바랍니다.

3 대중교통

① 목적지가 표시된 지도를 보여줍니다. ② [전화를 바로 걸 수 있고 전화번호 저장]도 할 수 있습니다. ③ 목적지의 [로드뷰]와 건물 전면 사진을 보여줍니다. ④ [공유]를 할 수 있으며 ⑤ [즐겨찾기] 설정도 가능합니다. ⑥ 현 위치에서 목적지까지 [총거리]를 알려줍니다. 터치하면 [교통편(길찾기)]을 안내합니다.

 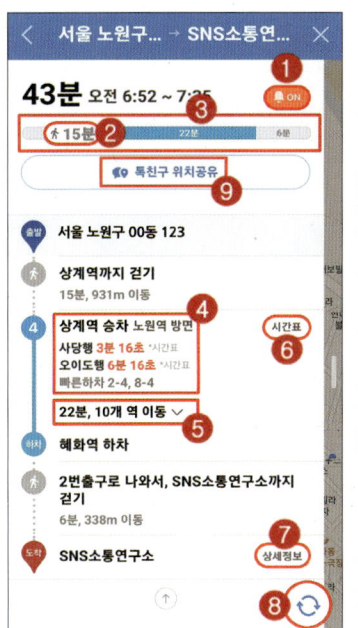 

① ① 교통편은 [승용차, 대중교통, 도보, 자전거] 등으로 총 4종류입니다. ② [대중교통]을 선택하면 추천순으로 버스, 지하철, 버스+지하철 등 모든 노선을 보여줍니다. ③ [출발지와 도착지]를 변경할 수 있으며 ④ 세로 점 3개 [더보기] 아이콘을 누르면 [길찾기 공유, 즐겨찾기, 입력 장소 초기화]를 할 수 있습니다. ⑤ 내가 선택한 노선의 [승하차 알람]을 터치하면 ⑥ [ON]으로 표시가 바뀌면서 ⑦ [승하차 알람을 시작하고 승차, 하차지점을 안내]합니다. ⑧ 대중교통 대기 중 최신 노선을 안내받으려면 [새로고침] 아이콘을 터치합니다. ⑨ 대중교통 노선 중 내가 이동하고자 하는 [해당 노선]을 선택하면 더 상세한 정보를 안내받을 수 있습니다.

② ① [승하차 알람] 표시가 켜져 있습니다. [절전모드를 해제]하면 정확한 알람을 받을 수 있으며, 이어폰을 연결하면 [음성안내]도 받을 수 있습니다. ② 얼마큼 왔는지, ③ 수단별 이동시간은 얼마나 되는지 [그래프]로 한눈에 볼 수 있습니다. ④ 승차 역 기준으로 [어느 방면] 열차인지, [다음 지하철의 도착 예정 시간]을 알려줍니다. 목적지까지 가기 위한 [빠른 하차]를 위해서는 몇 번 칸에 타야 하는지도 알려주고 있습니다. ⑤ 도착지 정류장까지 [소요 시간], [남은 정류장 개수]를 보여주고 오른쪽의 [펼치기 버튼(V)]을 터치하면 역명을 보여줍니다. ⑥ [시간표]를 터치하면 다음 도착하는 지하철 시간표를 막차 시간까지 자세히 안내합니다. ⑦ [상세정보]를 터치하면 목적지 이름, 주소, 웹사이트 주소, 전화번호, 이미지, 리뷰 등을 자세하게 보여줍니다. ⑧ [새로고침] 버튼을 터치하면 실시간으로 노선도를 수정해줍니다. ⑨ 상단쯤에 [톡친구 위치공유] 버튼을 터치하면 톡친구에게 현재 내 위치가 공유됩니다.

③ ① 앞 이미지의 ⑨번 [톡친구 위치공유] 버튼 터치 시 톡친구의 채팅방에 [위치공유]되어 톡친구는 [내 위치를 실시간으로 확인]할 수 있습니다. ② 내가 목적지에 도착하면 [위치공유는 종료] 됩니다.

2) 승용차

  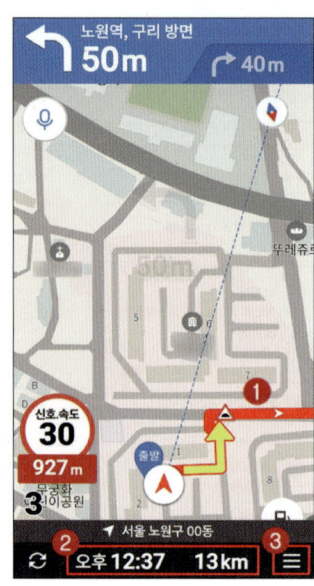

1 ① [목적지 검색] 후 지도가 나오면 ② 거리표시가 되어 있는 [길찾기] 버튼을 터치합니다.
2 ① 교통편 중 [승용차] 아이콘을 선택하면 ② 출발지부터 도착지까지 [경로]를 보여줍니다.
③ [추천 1 경로]로 소요 시간, 거리, 택시 승차 시 요금 등을 알려줍니다. ④ [안내시작] 버튼을 눌러줍니다. **3** [카카오내비]가 바로 실행되면서 ① [경로]를 안내합니다. ② [도착 예정 시간 및 주행 거리]를 보여줍니다. ③ [더보기] 버튼을 터치하면 [전체 경로, 다른 경로, 주행 설정, 안내 종료] 등이 안내됩니다.

3) 도보

 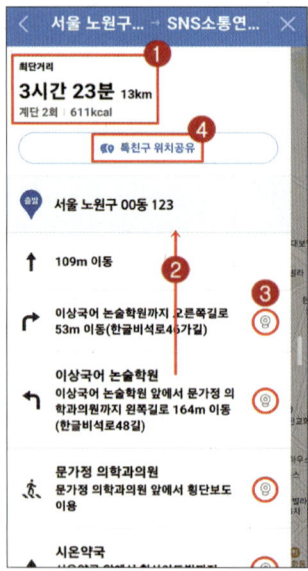

1 [목적지 검색] 후 ① [도보] 아이콘을 터치하고 ② [경로]가 나오면 ③ [경로 상세] 버튼을 터치합니다. **2** ① 도보는 [최단거리의 소요 시간]을 안내합니다. ② 화면을 위로 슬라이딩하면 목적지까지 [경로 상세 정보]를 보여줍니다. ③ 구간별 [로드뷰]를 참고하면서 도보할 수 있고 ④ 카카오톡 친구와 [위치공유]도 할 수 있습니다.

 **인공지능 서비스 제대로 활용하기**

■ 구글 어시스턴트 제대로 활용하기

 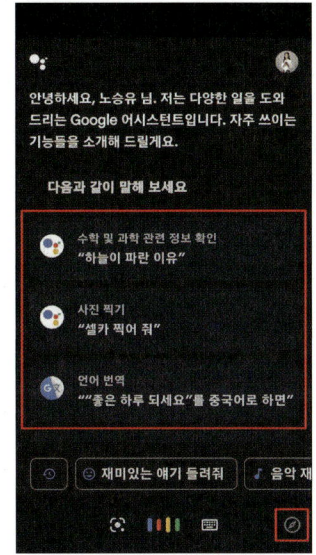 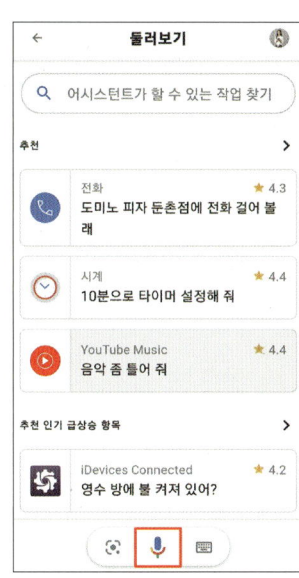

1️⃣ [구글 어시스턴트]를 설치하고 [열기]를 터치합니다. 2️⃣ [구글 어시스턴트]는 다양한 음성 명령을 실행합니다. 우측 하단의 [나침반 아이콘]을 터치합니다. 3️⃣ [둘러보기] 기능으로 [구글 어시스턴트]가 실행할 수 있는 추천 명령어들을 보여줍니다. 명령어 실행을 위해 하단의 [마이크]를 터치합니다.

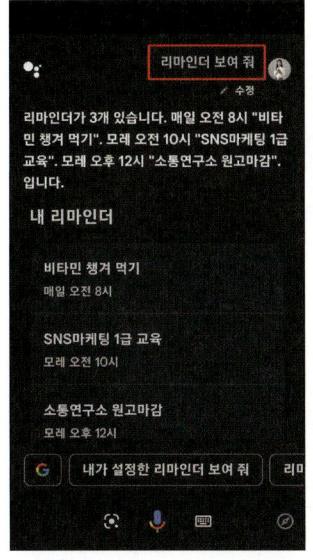 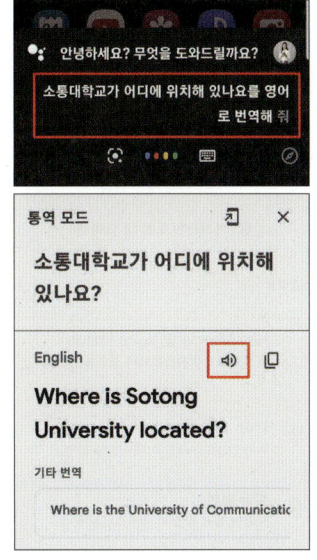 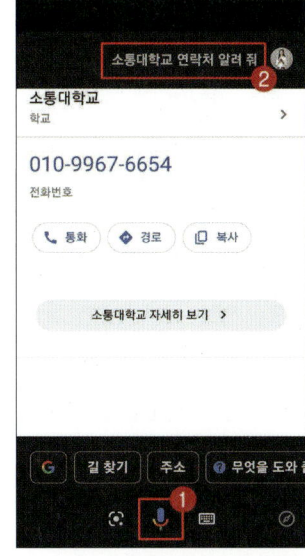

1️⃣ [리마인더 보여 줘]라고 명령하면 리마인더를 보여줍니다. 2️⃣ 번역 명령어를 말하면 번역을 해주고 텍스트 복사와 청취도 가능합니다. 3️⃣ ① 하단의 [마이크]를 터치하여 ② 음성 명령어를 입력하면 명령어의 결과를 표시해 줍니다.

1) 구글 어시스턴트 음성 모델 학습시키기

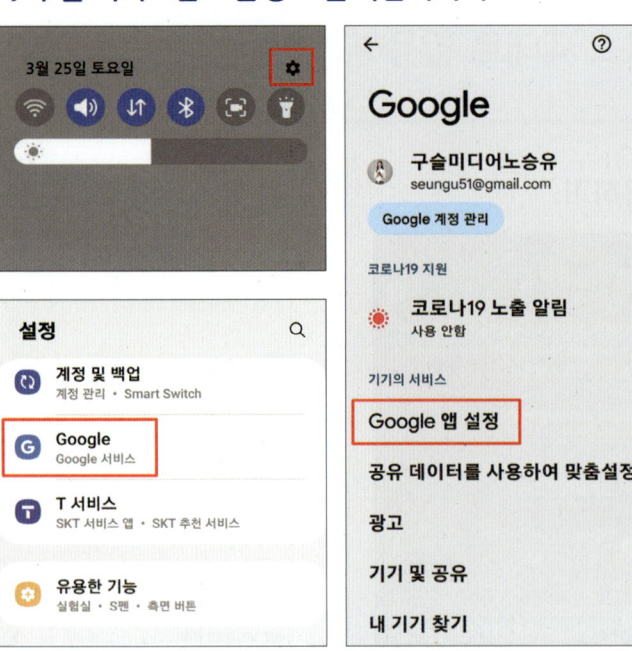

① [구글 어시스턴트]는 내비게이션바의 홈 버튼을 롱탭하거나 호출 명령어로 실행합니다.
호출 명령어 보이스 매치를 위해 스마트폰 상단바를 내려 [설정]을 터치합니다.
설정 하단의 [Google]을 터치합니다. ② [Google 앱 설정]을 터치합니다.
③ [검색, 어시스턴트 및 Voice]를 터치합니다.

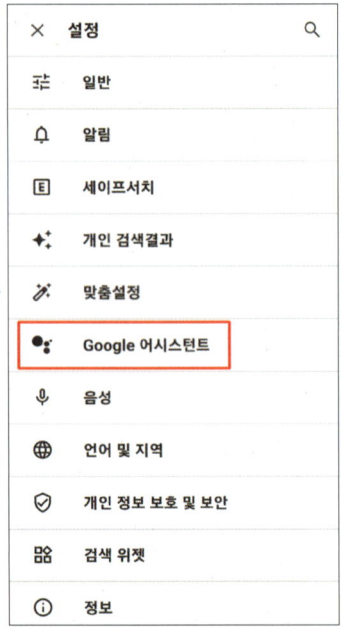
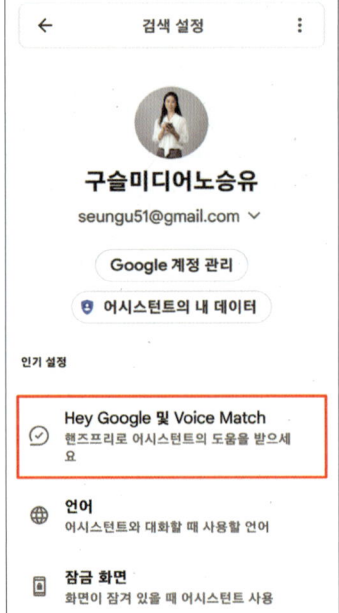

① [Google 어시스턴트]를 터치합니다. ② [Hey Google 및 Voice Match]를 터치합니다.
③ [Hey Google] 오른쪽을 터치하여 [활성화]해 줍니다.

 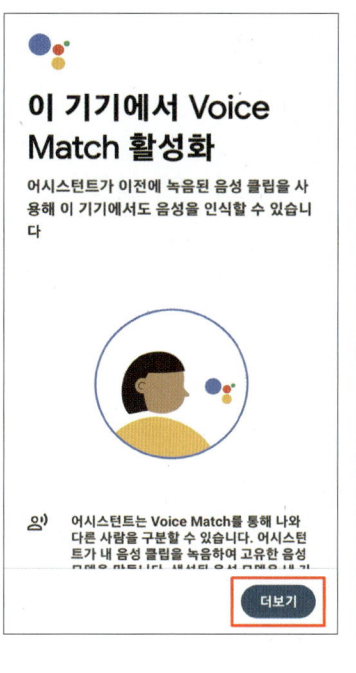 

1️⃣ [다음]을 터치합니다. 2️⃣ Voice Match 활성화를 위해 [더보기]를 터치합니다.
3️⃣ [동의]를 터치합니다.

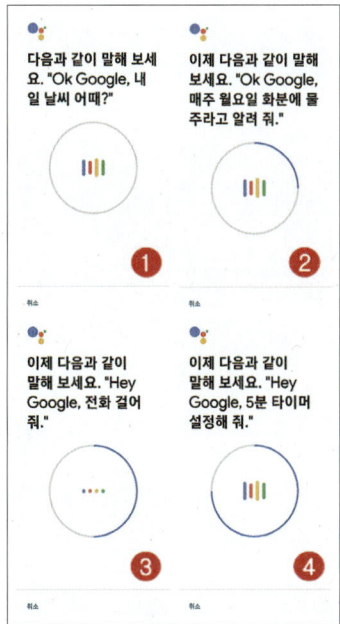  

1️⃣ 화면의 숫자 순서대로 파란 원형이 완성될 때까지 음성 인식을 위해 제시된 명령어를 말해줍니다. 2️⃣ [다음]을 터치하면 내 음성 인식이 완료됩니다. 3️⃣ Google의 활성화 기술 개선을 위한 오디오 설정은 [나중에]를 터치하면 차후에 다시 설정할 수 있습니다.

2) 구글 어시스턴트의 음악 매체 설정

  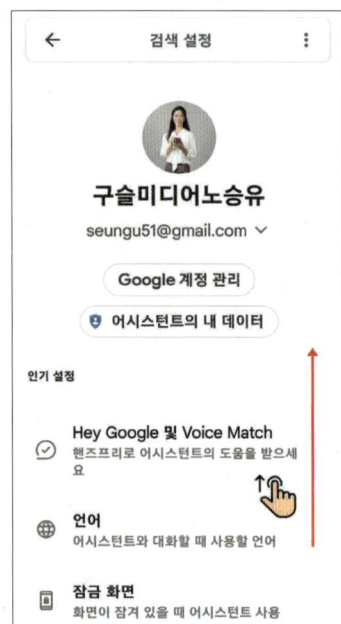

1 스마트폰 [설정]을 터치하고 [Google]을 터치한 후 [Google 앱 설정]을 터치합니다.
2 [검색, 어시스턴트 및 Voice]를 터치하고 [Google 어시스턴트]를 터치합니다.
3 Google 어시스턴트 설정 화면을 위쪽으로 드래그해 줍니다.

 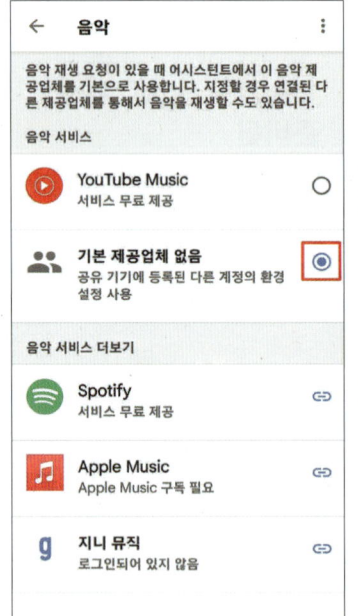 

1 [음악]을 터치합니다. 2 [기본 제공업체 없음]을 터치하면 구글 어시스턴트 기본 오디오를 유튜브가 아닌 다른 실행 앱으로 설정할 수 있습니다.
3 삼성폰은 [삼성 뮤직]으로 실행이 됩니다.

3) 구글 어시스턴트 뉴스 듣기

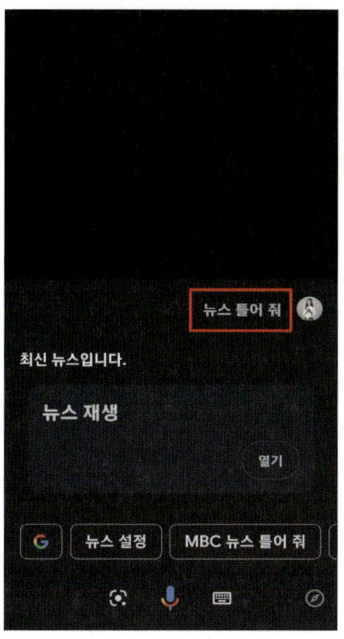

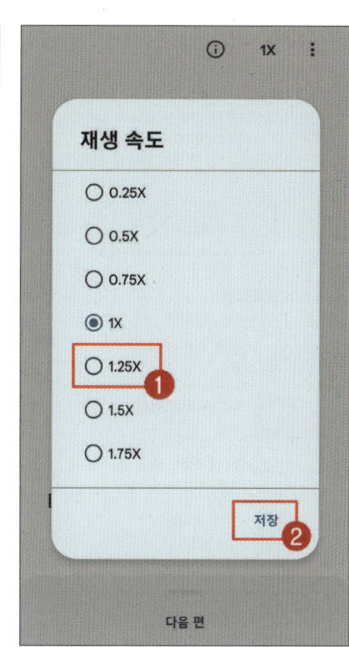

1️⃣ 음성 명령어로 구글 어시스턴트를 실행하고 [뉴스 틀어 줘]라고 명령합니다.
2️⃣ 뉴스가 재생되면 상단의 [1X]를 터치합니다. 3️⃣ ① 기본 배속에서 조금 빠르게 듣는 [1.25X]를 터치하여 속도를 설정합니다. ② [저장]을 터치합니다.

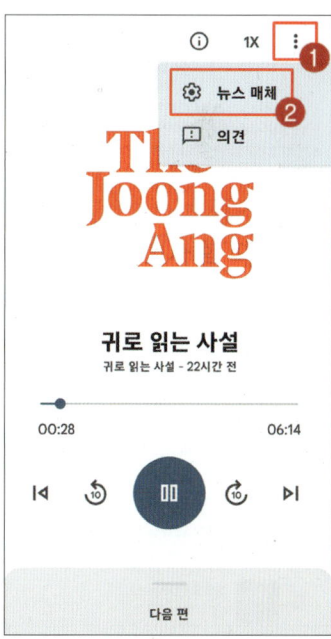

1️⃣ 뉴스 재생 화면 하단의 [다음 편]을 터치합니다. 2️⃣ 지금 재생 중인 뉴스 외에 내가 설정한 다른 뉴스를 재생할 수 있습니다. 3️⃣ 뉴스 재생 화면 우측 상단의 ① [점 3개]를 터치합니다.
② [뉴스 매체]를 터치합니다.

1 [뉴스 프로그램 추가]를 터치합니다. 2 ① 추가하고 싶은 뉴스 프로그램을 터치합니다. ② [완료]를 터치합니다. 3 추가된 뉴스 프로그램의 순서 변경을 위해 뉴스 왼쪽의 핸들을 롱탭 하여 위쪽으로 드래그해 줍니다.

1 ① 추가한 뉴스프로그램의 순서가 바뀐 것을 확인할 수 있습니다. ② 우측 상단의 [점 3개]를 터치합니다. 2 [뉴스 언어]를 터치합니다. 3 선택한 국가의 언어로 뉴스를 들을 수 있고 37개 의 다양한 언어로 뉴스를 청취할 수 있습니다. [저장]을 터치합니다.

4) 구글 어시스턴트 명령어

리마인더("알려줘"라고 해도 됨)
- ○○○에게 열 시에 전화하라고 알려줘
- 내일 아침 10시에 ○○○에게 미팅하자고 리마인드해줘
- 리마인드한 내용을 다 보고 싶다면 "리마인드 보여줘" 하면 됨

시간
- 지금 몇 시야?
- 9시에 알람해
- 아침 7시에 깨워줘
- 타이머 1분 설정
- 모든 알람 취소(앱에서 직접 해야 함)
- 지금 미국 뉴욕 몇 시야?
- 20분 후에 알람해줘
- 내일 일몰 시간은?
- 타이머 취소

질문
- 100제곱미터는 몇 평?
- 36인치는 몇 센티미터?
- 500+300+29+90*20은?
- 100달러 환율 알려줘
- 바나나 칼로리는?
- 스타벅스 아메리카노 가격은?
- 이마트 영업시간은?

뉴스
- 뉴스 들려줘
- 각 방송사 이름대고 "뉴스 들려줘" 해도 됨

레시피
- 샤브샤브 레시피 알려줘
- 갈비찜 레시피 알려줘

음악
- 이 노래 제목 알려줘
- 볼륨 최대로 해줘
- 삼성 뮤직에서 "비틀즈 음악" 틀어줘
- 볼륨 꺼줘
- 볼륨 50프로로 해줘

소리(유튜브의 경우 광고를 봐야 하는 경우도 있음)
- 빗소리 들려줘
- 백색소음 들려줘
- 비 오는 숲소리 들려줘

전화(스마트폰에 저장된 전화번호만 가능함)
- ○○○에게 전화 걸어줘
- ○○○에게 문자 보내줘
- 안 읽은 문자 읽어줘
- ○○○에게 "가고 있다"라고 문자 보내줘

동영상
- 강아지 동영상 보여줘
- 메이크업 영상 보여줘

번역, 통역
- 중국어로 안녕이 뭐야?
- 영어로 통역해줘
- 중국어로 통역해줘

게임
- 나 게임해줘
- 주사위 굴리기(주사위 숫자가 나옴)
- 구글 주가 알려줘
- 가상 여친(가상 남친) 불러줘(답답할 수 있음)
- 1부터 100까지 숫자 중 아무 숫자 뽑아줘

지역, 위치
- 가장 가까운 커피숍이 어디야?
- 근처 칼국수 집 알려줘
- 서울 근교에 가볼 만한 곳은?

장소, 정보
- 서울 랜드마크 알려줘
- 은평구청 연락처 알려줘

날씨
- 오늘 날씨 알려줘
- 내일 날씨 어때?
- 내일 비와?
- 오늘 미세먼지 어때?
- 오늘 서울 날씨 알려줘

로스트 폰(폰을 찾고자 할 때)
- 내 폰 어디 있어?(내 기기 찾기 앱이 열립니다)

◨ 구글 렌즈 활용하기

 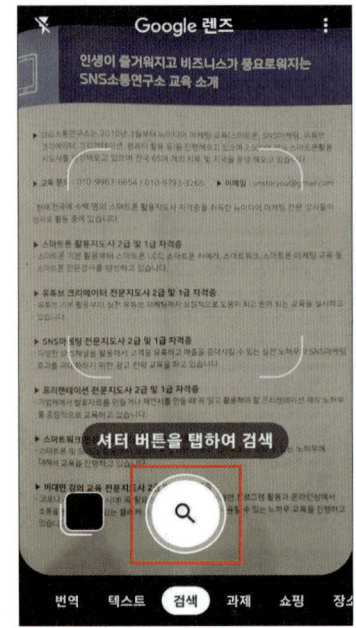 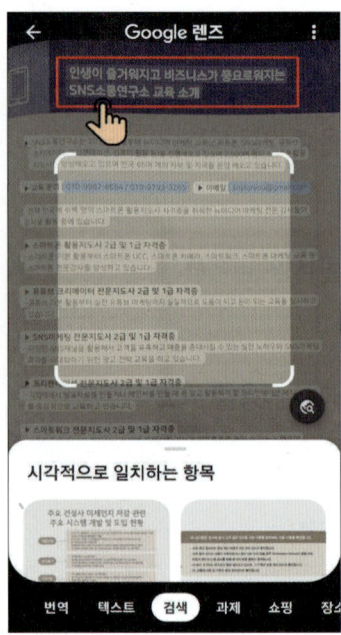

1 구글 플레이 스토어에서 [구글 렌즈] 앱을 설치한 후 [열기]를 터치합니다.
2 검색을 위해 [셔터 버튼]을 터치하여 촬영합니다. **3** 검색하고자 하는 텍스트를 롱탭해 줍니다.

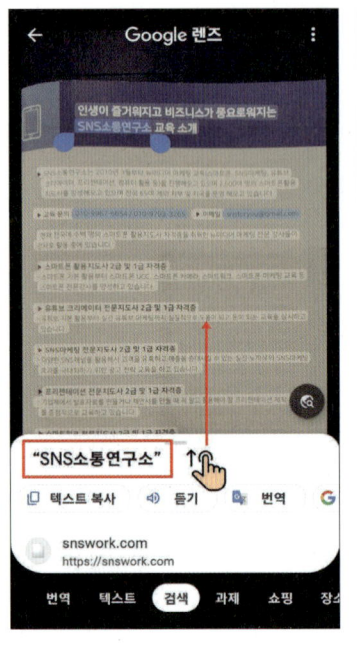  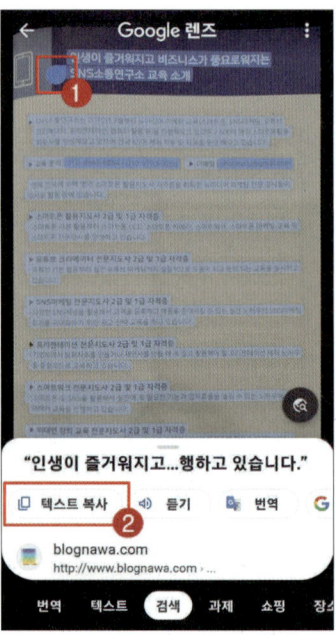

1 자세한 검색 정보를 보기 위해 하단 화면을 위쪽으로 드래그해 줍니다. **2** 상세한 검색 정보를 확인할 수 있습니다. **3** ① 텍스트 양쪽에 생긴 물방울 모양의 핸들을 드래그하여 추출할 텍스트 영역을 설정합니다. ② [텍스트 복사]를 터치하면 선택한 텍스트가 복사되고 클립보드에 저장됩니다.

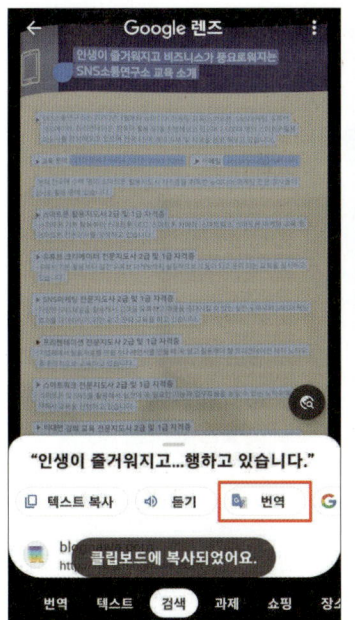 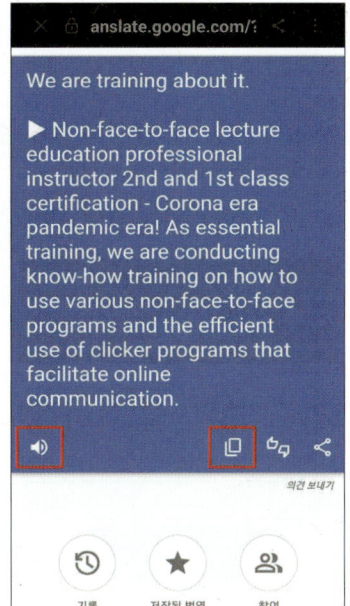 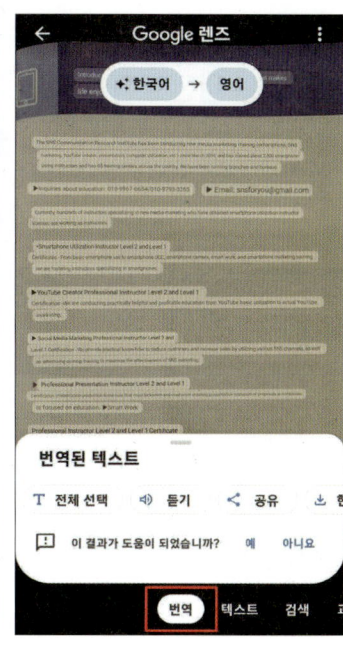

1️⃣ [번역]을 터치합니다. 2️⃣ 선택한 텍스트가 번역되고 텍스트를 청취하거나 복사할 수 있습니다.
3️⃣ [구글 렌즈] 하단에 있는 [번역]을 터치하면 원문 텍스트가 바로 번역되는 것을 확인할 수 있습니다.

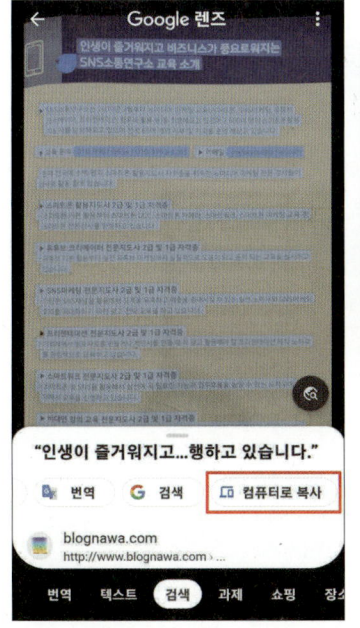  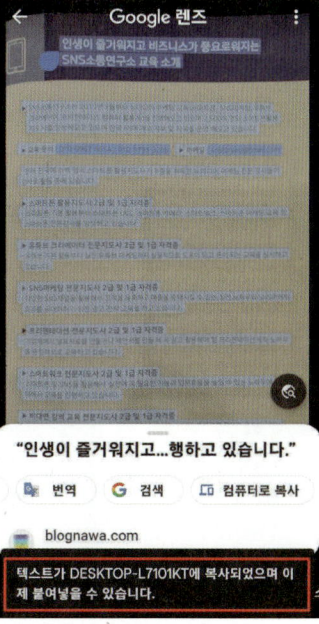

1️⃣ [컴퓨터로 복사]를 터치합니다. 2️⃣ 크롬 브라우저의 계정이 모바일과 같아야 합니다.
[선택]을 터치합니다. 3️⃣ 컴퓨터에 텍스트가 복사되어 [Ctrl+V]로 붙여넣기 할 수 있습니다.

※ 아이폰은 [구글] 앱을 열어서 검색창에 있는 [구글 렌즈]를 사용하여 활용할 수 있습니다.

◼ 리무브 앱 활용하기

1) 모바일 버전 활용하기

안드로이드폰은 앱을 다운받아 활용하고, 아이폰은 네이버에서 검색하여 활용합니다.

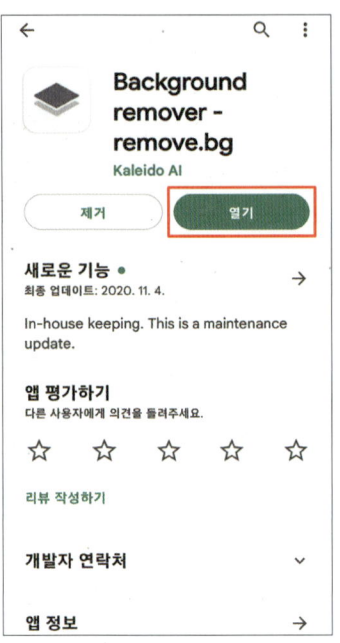 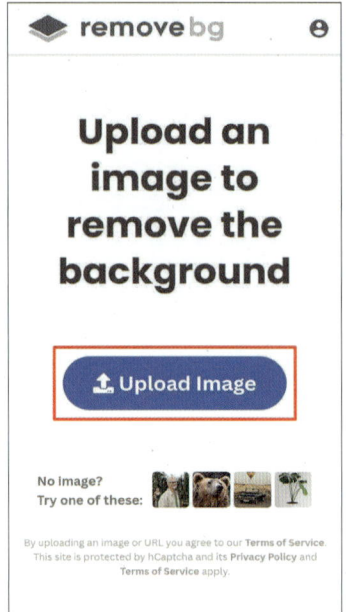 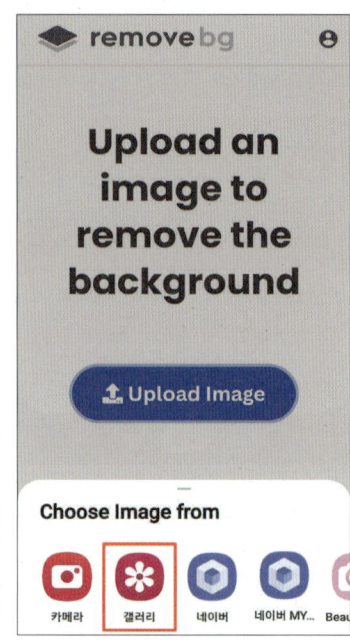

❶ 구글 플레이 스토어에서 [remove.bg]를 설치하고 [열기]를 터치합니다.
❷ [Upload Image]를 터치합니다. ❸ 이미지 선택을 위해 [갤러리]를 터치합니다.

 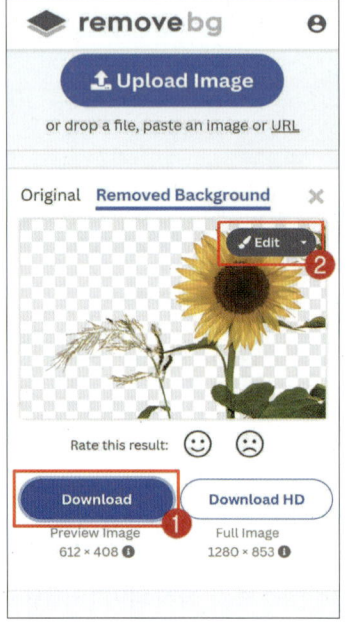 

❶ 이미지를 터치합니다. ❷ ① 배경 제거된 이미지를 저장할 수 있습니다. ② [Edit]를 터치합니다. ❸ ① 새로운 배경 화면을 드래그하여 검색한 후 터치합니다. ② 수정한 이미지를 저장합니다.

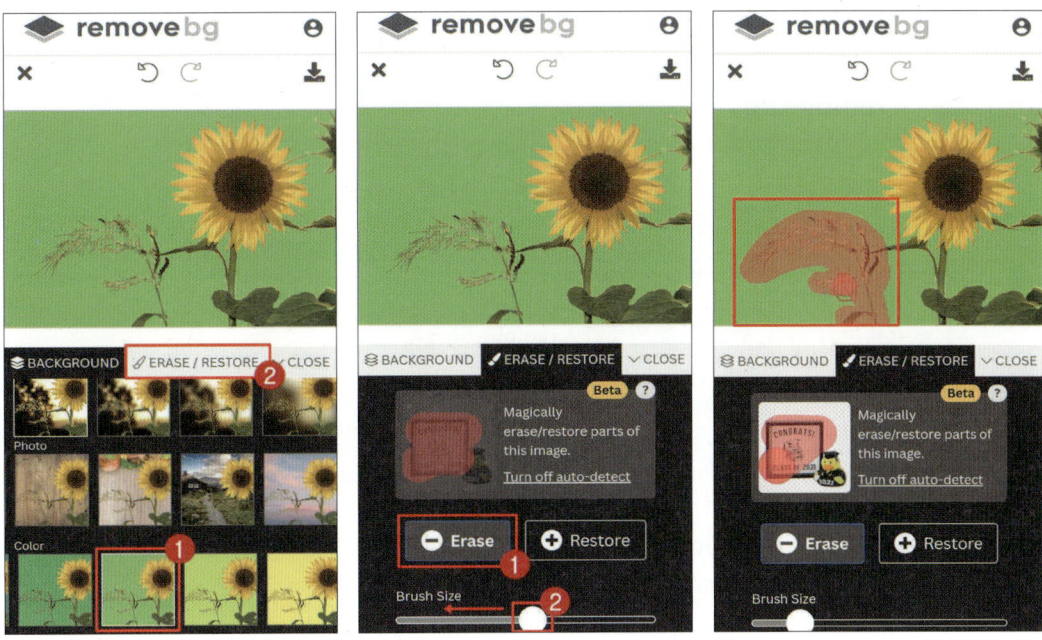

1 ① 단색 색상 배경을 선택할 수 있습니다. ② [ERASE/RESTORE]를 터치합니다.
2 ① 개체 제거를 위해 [Erase]를 선택합니다. ② 브러쉬 사이즈를 설정합니다.
3 제거할 개체를 드래그하여 설정합니다.

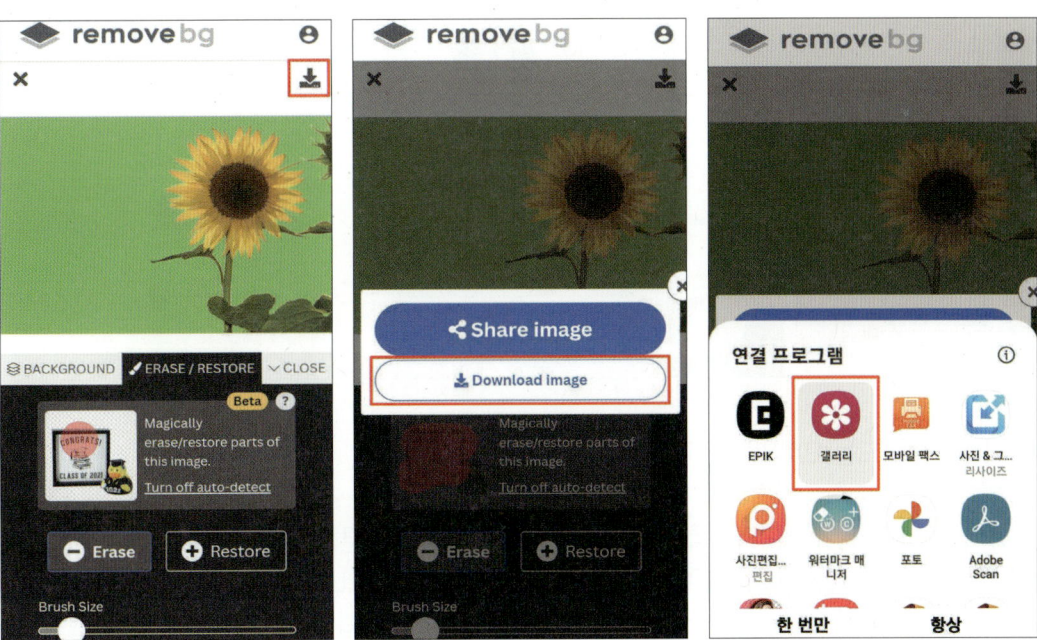

1 우측 상단의 [다운로드]를 터치합니다.
2 [Download Image]를 터치합니다.
3 연결 프로그램으로 [갤러리]를 선택하면 갤러리에서 저장된 이미지를 활용하여 편집할 수 있습니다.

2) PC 버전 활용하기

▶ ① 네이버 검색창에 [remove.bg]를 입력하여 검색합니다.
　② [이미지 배경 제거, 투명 배경 만들기]를 클릭합니다.

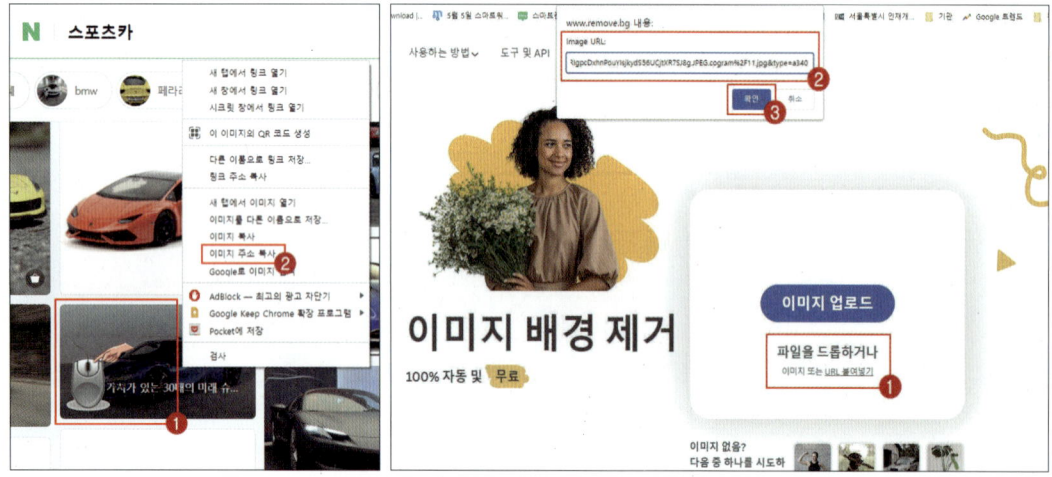

◆ 이미지 업로드는 모바일 버전과 같은 방법으로 활용합니다.

1️⃣ ① 먼저 배경 제거할 이미지를 검색하여 선택하고 마우스 오른쪽을 클릭하여 ② [이미지 주소 복사]를 클릭합니다. 2️⃣ ① [파일을 드롭하거나 이미지 또는 URL 붙여넣기]를 클릭합니다.
② 복사한 이미지의 URL을 붙여넣기 합니다. ③ [확인]을 클릭합니다.

▶ 인터넷에 있는 이미지가 추가되고 배경이 제거된 것을 확인할 수 있습니다.
[편집하다]를 클릭합니다.

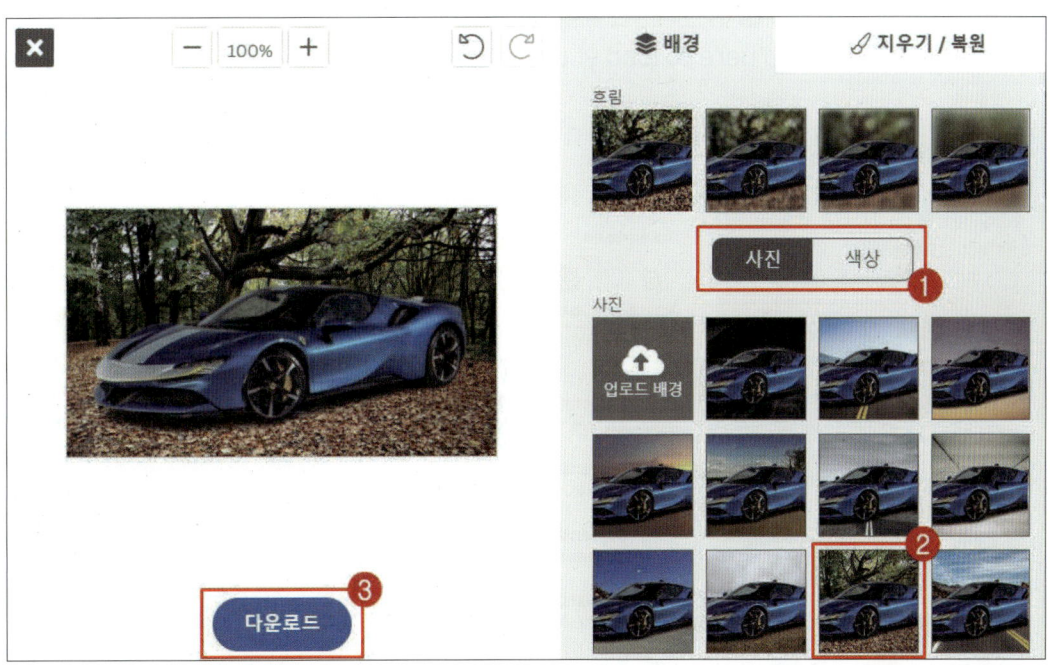

▶ ① 이미지 배경으로 [사진] 혹은 [색상]을 선택할 수 있습니다. ② [사진]에서 적용할 배경을 클릭합니다. ③ [다운로드]를 클릭하면 이미지를 공유하거나 다운로드할 수 있습니다.

■ 클린업 픽처스 사이트 활용하기

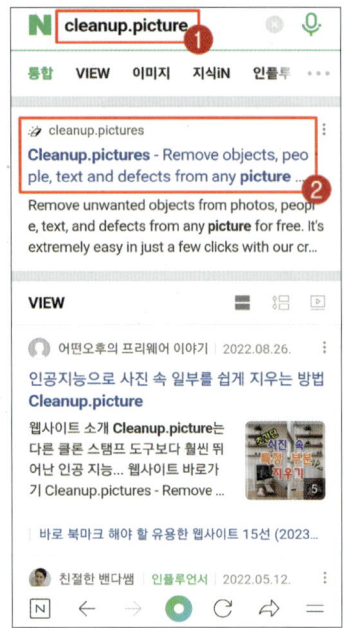

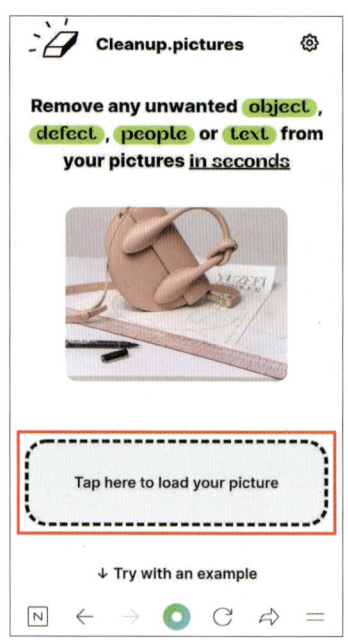

1 ① 네이버에서 [cleanup.picture] 혹은 [클린업 픽처스]라고 검색합니다. ② [cleanup.pictures]를 터치합니다. **2** 상단의 [한국어]를 선택하면 영어 원문을 바로 번역하여 볼 수 있습니다. **3** 하단의 [Tap here to load your picture]를 터치합니다.

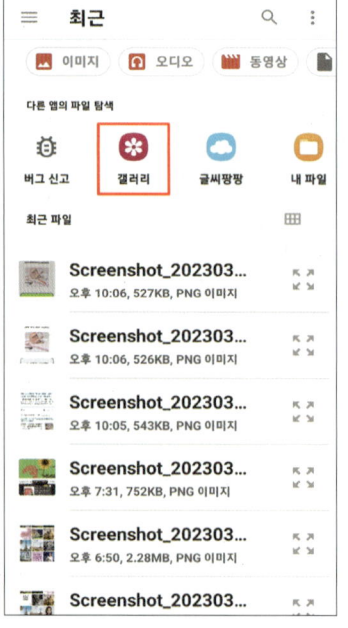

1 [파일]을 터치합니다. **2** 개체 제거를 원하는 사진이 보이지 않으면 상단의 [갤러리]를 터치합니다. **3** ① 개체 제거할 사진을 선택합니다. ② 우측 상단의 [완료]를 터치합니다.

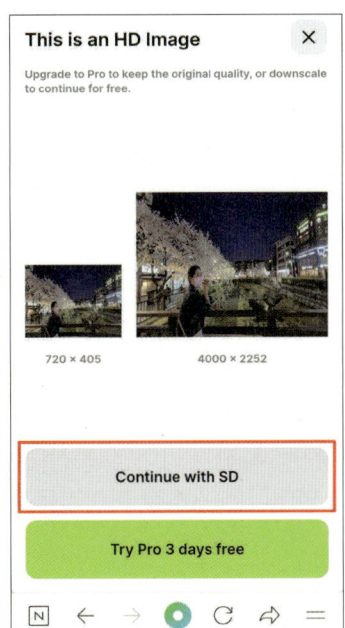  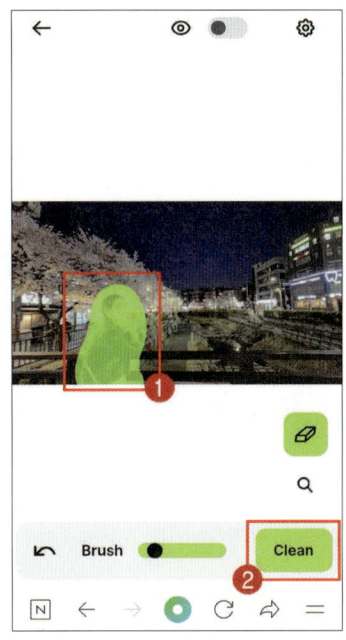

1 좌측 하단의 [Continue with SD]를 터치합니다.
2 하단의 볼을 조정하여 브러쉬의 크기를 설정합니다.
3 ① 이미지에서 제거할 개체를 드래그하여 선택합니다. ② 우측하단의 [Clean]을 터치합니다.

1 영역을 설정한 개체가 삭제됩니다. 개체가 깨끗하게 제거되지 않았다면 개체를 선택하여 지우는 방법을 여러 번 반복해 줍니다. 상단을 터치합니다.
2 개체 제거 전 원본을 볼 수 있습니다.
3 ① 상단의 [다운로드]를 터치합니다. ② 파일 저장이 완료되고 [갤러리]에 저장됩니다.

 ## 스마트폰 하나면 나도 사진작가다

▣ 사진은 스토리텔링이다

스마트폰의 여러 기능 중의 큰 부분은 사진을 찍고 또 서로에게 주고받는 것입니다. 셔터를 누를 때 분명 우리는 뭔가를 기록하고 있는 것입니다. 모든 사진은 이야기를 가지고 있습니다. 우리 폰의 갤러리마다 각자가 찍고 편집한 사진들이 가득합니다. 그 사진들은 뭔가 얘기를 하고 있습니다. 거기에는 어떤 시간, 공간 그리고 사진을 찍고자 했던 사람 마음의 움직임이 기록되어 있습니다. 가족들과 함께 떠나는 휴가 여행 이야기, 강변 산책 중에 찍은 사진들, 자전거 라이딩, 등산, 트레킹, 업무 중에 필요에 의해 찍은 사진 등 업무와 일상생활 가운데 일어나는 소소한 이야기들을 기록하고 있습니다.

우리가 찍은 모든 사진은 과거형입니다. 1초 전에 찍은 사진, 한 시간 전에 찍은 사진, 열흘 전, 1년 전에 찍은 사진 등이 갤러리에 보관되어 있습니다. 이렇듯 갤러리의 사진을 볼 때 우리는 시간 여행을 할 수 있습니다. 열흘 전, 1년 전, 2~30년 전 사진을 보면서 이야기를 떠올리게 됩니다. 그 때 그 이야기가 현재진행형으로 다시 다시 살아날 때 이것을 스토리텔링이라 말합니다.

요즘은 스마트폰 카메라의 획기적인 기술 발전으로 남녀노소 누구나 사진을 찍는 것을 좋아하고 또 사진의 품질도 좋아졌습니다. 그리고 SNS에 포스팅하면서 가족, 친구뿐 아니라, 온 세상의 사람들과 소통할 수 있습니다. 예전에는 카메라 도구를 가지고 잘 표현하는 능력이 있는 사람을 사진작가라고 했습니다. 그러나 요즘은 기술보다는 자기 생각, 관점을 이야기로 잘 표현해내는 사람을 말합니다. 즉 스토리텔링을 잘하는 사람이 훌륭한 사진작가입니다. 그러므로 한 장의 사진은 언어이며 소통과 표현의 수단으로 진화하고 있는 것입니다.

이렇게 담긴 사진들은 블로그로, 페이스북으로, 인스타그램으로 이야기가 입혀지고 가족과 친구들에게 자기 생각과 관점을 표현하게 됩니다. 거기에는 공감과 소통이 있게 됩니다. 우리의 사진은 이렇게 발전되어 가고 있습니다.

예를 들어보겠습니다. 어느 날 강의를 마치고 집으로 돌아가는 길에 시야를 떡하니 가로막고 소리치는 듯한 녀석이 보입니다. 운전을 조심해서 살살 하랍니다. 사마귀입니다. "아니, 당신이 어쩌다 거기 있는 게요?" 가을 햇살이 너무 좋아 외출 나왔다가 이런 사달이 났답니다. 스마트폰을 꺼내 얼른 전원 버튼을 더블 터치하여 사진을 찍었는데 마치 나를 원망하는 듯한 느낌이었습니다. 왜 출발할 때 귀띔을 해주지 않았느냐는 듯하였습니다. 한적하고 조용한 곳에 주차하여 길섶에 내려주면서, "이것도 기념인데 같이 사진이나 한 장 찍자"고 해도 얼굴을 주지 않아 그냥 돌아섰습니다. 이를 스토리텔링 방식으로 표현해 보았습니다.

이렇듯 우리의 갤러리에 보관된 모든 사진은 이야기를 가지고 있습니다. 이 이야기를 글과 사진으로 정리하고 블로그나 페이스북 등 SNS에 포스팅하여 가족과 친구들과 서로 공감하고 소통한다면 우리의 스마트폰은 소통을 위한 좋은 수단과 도구가 될 것입니다.

사진은 스토리텔링

나의 포토 스토리텔링

1) 위험한 외출
2) 할부지, 나랑 놀이터 갈까?
3) 대왕암 솔바람길을 걷다
4) 슬도명파, 파도가 비파를 타는 섬
5) 할아버지, 안아주세요!
6) 할머니, 재미있었어요!
7) 사진은?
8) 혜윤이의 바다
9) 나, 마음 상했음
10) 예쁜 것이 힘이 제일 셀까

■ 스마트폰 카메라 제대로 활용하기

1) 동영상 촬영하면서 사진 촬영하기

동영상을 촬영하면서 때로는 사진을 촬영하고 싶을 때가 있습니다. 그럴 때 동영상 촬영 중에라도 언제든지 카메라 아이콘을 눌러 사진을 촬영하면 됩니다.

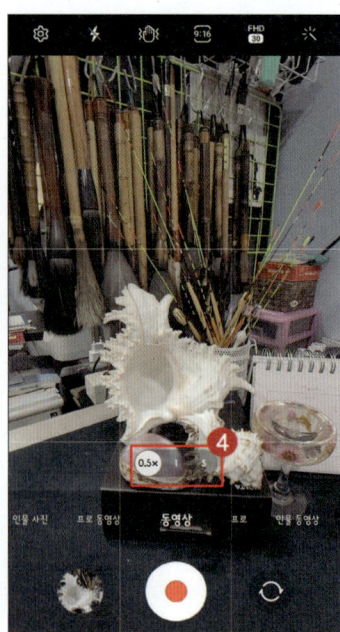

1 ① 먼저 [동영상] 모드를 선택한 뒤 화질 크기를 선택합니다. 일반적으로는 FHD(30)를 선택합니다. 더욱 높은 품질의 영상작업을 할 때에는 UHD(30)를 선택할 수도 있습니다. ② 동영상 촬영 시작 버튼을 터치합니다. **2** ③ 동영상 촬영 도중에 사진 촬영을 하고 싶다면 이 버튼을 눌러주면 됩니다. **3** ④ 촬영할 때 가능하면 디지털 줌으로 확대하지 말고 여기 렌즈를 선택해서 촬영하는 것이 좋은 화질을 보장받을 수 있습니다. 스마트폰 모델에 따라 렌즈가 여러 개 있을 수도 있습니다. (.5는 울트라 와이드 렌즈로 초광각 촬영이 되고, 1은 와이드 렌즈로 일반적인 촬영이 되고, 5는 5배 망원렌즈로 촬영되는 것을 말합니다.) 그리고 영상 촬영할 때도 주인공 피사체를 터치하면 센서에서부터 거리를 산출하여 정확한 초점을 맞출 수 있습니다.

memo

2) 프로 동영상 촬영법

때로는 영화처럼 아웃포커싱과 빛이 아름답게 보이는 보케가 나오는 영상으로 담으려면 [프로 동영상] 모드를 사용해야 합니다. 일반 사진이나 동영상을 촬영할 때 주인공을 터치하면 초점과 노출 정보를 센서가 찾아오지만, 프로 동영상 모드에서는 이런 것을 촬영하는 사람이 다 조정해 줄 수 있습니다.

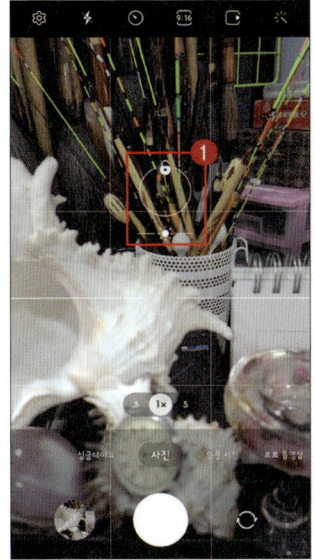  

1 ① [사진] 모드나 [동영상] 모드로 촬영할 때는 주인공이 되는 피사체를 프레임에서 한번 터치하면 하얀 원이 나오면서 위쪽에 자물쇠 모양이 열려있게 됩니다. 포커스와 노출 정보를 읽었으니 곧 셔터를 눌러 촬영하라는 것입니다. 이때 길게 꾹 누르면 노란색 원이 나타나며 자물쇠가 잠기는 모양이 됩니다. 그러면 포커스와 노출 정보를 기억해 둘 테니 구도를 고려해서 찍어보라는 것입니다.

[프로 동영상]으로 촬영할 때는 크게 두 가지 방식이 있습니다. 조리개 우선 촬영방식이 있고 또 하나는 셔터 우선 촬영방식이 있습니다. 조리개 우선 방식은 EV(Exposure Value)값을 조절해서 아웃포커싱을 줄 수 있어 영상의 깊이를 더하는 방식입니다. 반면 셔터 우선 방식은 SPEED 값을 조절하는 방식인데 주로 빠르게 움직이는 자동차나 강아지, 고양이, 어린 아기, 물레방아 등을 촬영할 때 속도감을 조절할 수 있습니다. 여기서는 조리개 우선 방식을 설명하고자 합니다.

2 먼저 ② 프레임 안에 들어오는 피사체의 화이트 밸런스를 맞추는 것입니다. 다이얼 게이지를 돌리면서 흰색 피사체를 가장 하얗게 표현할 수 있는 값이 무엇인지를 먼저 찾습니다. 그런 다음 ③ EV값을 조절합니다. 사람 얼굴을 촬영할 때는 EV값을 플러스로 줘서 화사하게 촬영하고, 불타는 저녁노을이나 밤하늘 같은 경우에는 마이너스 값을 줘서 더욱 불타게 만들어야 합니다. 그런 다음 ④ 수동 다이얼 게이지를 이용하여 내가 초점을 맞추고 싶은 부분을 맞출 때 그 피사체의 경계선이 녹색으로 나타납니다. 그 녹색 경계선의 피사체가 초점이 맞았다는 신호입니다. 그보다 가까이 있거나 멀리 있는 것은 흐리게 되는 아웃포커싱 효과가 나타나게 되는 것입니다.

3 ⑤ 프로 동영상으로 촬영할 때 UHD 24로 촬영하게 되면 더욱 시네마다운 영상을 촬영할 수 있습니다. 추후 키네마스터나 영상편집 작업을 할 때 화질의 저하 없이 깔끔한 화질을 보장받을 수 있습니다.

3) 파지법

사진이나 영상을 촬영할 때 흔들림 없이 촬영하는 것이 무척 중요합니다. 특히 동영상을 촬영할 때 흔들린 영상은 대형 TV나 큰 화면으로 볼 때 어지러워 볼 수 없을 정도입니다. 그래서 스마트폰으로 촬영을 할 때는 흔들리지 않게 촬영할 수 있도록 파지법을 익혀야 합니다.

▶ 가로 파지법

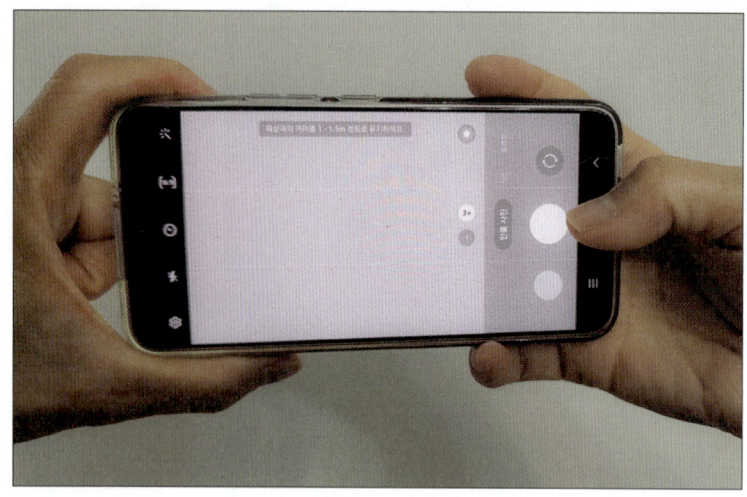

위 사진처럼 왼손 엄지와 검지는 스마트폰의 왼쪽 부분을 든든히 잡아주고, 오른손 검지와 새끼손가락은 스마트폰의 오른쪽을 든든히 잡아준 상태에서 오른손 엄지손가락만 움직여 셔터를 터치하여 촬영하는 방법입니다. 이때 가능하면 양팔은 겨드랑이에 붙여 움직이지 않도록 하는 것이 좋습니다.

▶ 한 손 가로 파지법

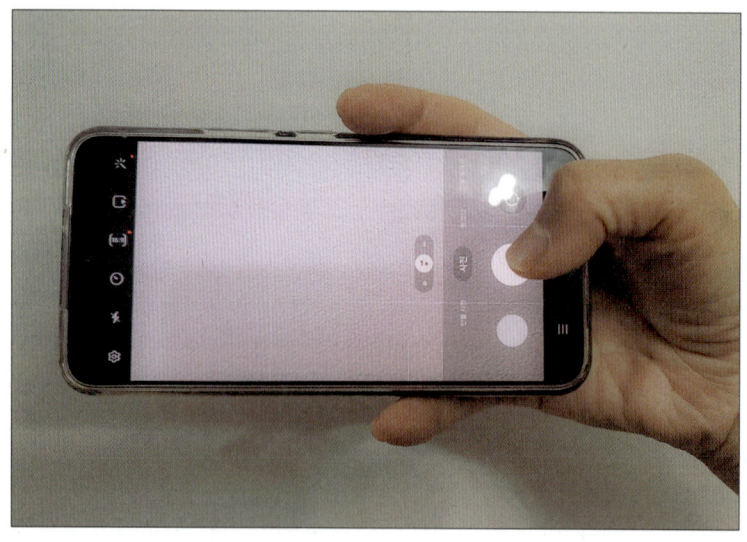

때로는 한 손으로 촬영할 때가 있습니다. 그때는 스마트폰을 놓치지 않고 흔들리지 않게 오른손 검지와 새끼손가락을 든든히 받쳐야 합니다. 그렇게 해서 팔을 흔들어도 스마트폰이 떨어지지 않도록 촬영하는 방법을 연습해 보셔야 합니다.

▶ 세로 파지법

▶ 한 손 세로 파지법

세로로 세워서 촬영할 때는 왼손 엄지와 새끼손가락은 스마트폰이 흔들리지 않도록 든든히 잡아주고 오른손 엄지손가락만 셔터를 터치할 수 있도록 합니다. 마찬가지로 한 손 세로 파지법은 새끼손가락이 스마트폰을 받쳐 주면서 촬영할 수 있도록 연습해야 합니다. 요즘 스마트폰은 플로팅 셔터라고 해서 보조 셔터를 사용할 수 있습니다. 내가 사용하기 편리한 곳에 두고 오른손이든 왼손이든 편리한 곳에 위치해서 사용하면 되겠습니다.

memo

_____
_____
_____
_____
_____
_____

■ 스마트폰 사진 잘 찍는 법

1) 인물사진

좋은 인물사진을 찍기 위해서는 다음과 같은 것들을 유의하면서 사진을 찍는 것이 좋습니다.

▶ 내가 찍고자 하는 피사체에 시선을 집중시킬 수 있도록 프레이밍을 하는 것이 좋습니다. 공원 같은 데 가면 포토존을 볼 수 있는데 그곳에서 찍게 되면 자연 시선을 집중시켜 좋은 사진을 얻을 수 있습니다.

▶ 가능한 노출을 한 스텝 올려 얼굴을 밝고 화사하게 찍어야 합니다. 얼굴 특히 눈을 터치하여 노출을 한 스텝 올리면 화사하게 찍을 수 있습니다.

▶ 주인공 외에 시선을 빼앗기지 않도록 배경을 단순화해야 주인공을 돋보이는 좋은 인물사진을 찍을 수 있습니다.

▶ 카메라 렌즈는 동그랗기 때문에 렌즈 주변부에 얼굴을 찍을 EO에는 왜곡 현상이 있기 때문에 주의해야 합니다.

▶ 인물사진의 연습은 가족사진만큼 좋은 게 없습니다. 모르는 사람이 사진을 찍게 되면 아무래도 얼굴근육이 경직되기 때문에 아내가 남편을 남편이 아내를 또 부모가 자녀들을 찍어주는 것이 가장 좋습니다.

▶ 내 스마트폰의 카메라 모드 중에 '인물사진' 모드가 있으면 가능한 이 '인물사진' 모드로 사진을 찍는 것이 아웃포커싱이 풍부한 부드러운 사진을 찍을 수 있습니다.

▶ 순광보다는 역광이나 사광으로 인물사진을 찍어야 좋습니다.

▶ 인물과 눈높이를 맞추면 자연스러운 인상을 담을 수 있습니다.

인물사진은 뒷 배경을 흐리게 하여 주인공을 돋보이게 하는 것이 좋습니다. 카메라의 [인물사진] 모드를 사용합니다. 이 모드는 찍고 난 후에 초점과 흐림 강도를 다양하게 적용할 수 있습니다.

2) 음식사진

▶ 음식과의 거리는 최대한 가까이 다가가는 것이 좋습니다.
▶ 음식의 높낮이에 맞춰 가장 돋보이는 각도를 찾아야 합니다.
▶ 자연광이 들어오는 유리창을 통해 빛을 잘 활용해야 합니다.
▶ 그릇을 다 찍을 필요는 없습니다. 그릇의 라인을 활용하여 음식을 돋보이게 찍습니다.

3) 풍경사진

▶ 빛을 잘 활용해야 합니다. 매직아워 즉 해 뜨기 30분 전후, 해 지기 30분 전후로 그림자가 길게 늘어지는 때에 좋은 풍경 사진을 찍을 수 있습니다.
▶ 근경, 중경, 원경을 살펴보며 원근감과 입체감이 표현될 수 있도록 구성해 봅니다.
▶ 자신만의 시선과 프레임을 활용한 독창적인 풍경 사진을 찍을 수 있도록 연습하는 것이 좋습니다.
▶ 풍경 사진을 찍기에 좋지 않은 날씨는 없습니다. 흐린 날은 빛이 부드러워 사물의 톤과 질감을 살릴 수 있습니다. 비 내리는 날은 자신만의 감성을 담은 독특한 사진을 연출할 수 있습니다. 안개 낀 날, 눈 내리는 날은 복잡한 배경을 단순하게 정리하여 은은하고 운치 있는 사진을 얻을 수 있습니다.

근경, 중경, 원경을 생각하면서 원근감과 입체감을 표현해 봅니다.

역광으로 사진을 담을 때 나뭇잎에 투과되는 빛을 제대로 표현할 수 있습니다.

▣ 스토리가 있는 포토 에세이

포토 에세이와 포토 스토리텔링은 비슷한 개념으로 보일 수 있지만, 조금 다릅니다. 포토 스토리텔링은 사진과 함께 짧은 이야기를 전달하는 것에 중점을 둡니다. 간단하게 사진을 찍고 그 사진에 대한 이야기를 담아내는 것이 목적입니다. 일상적인 사진부터 여행 사진, 음식 사진 등 다양한 주제로 활용됩니다.

반면, 포토 에세이는 사진과 글을 결합하여 좀 더 깊이 있는 이야기를 전달하는 것에 중점을 둡니다. 사진을 통해 느낀 감정, 경험 등을 글로 풀어서 표현하는 것이 주요 목적입니다. 일상적인 경험부터 여행, 문화, 예술 등 다양한 주제로 활용됩니다.

즉, 포토 스토리텔링은 간단한 이야기를 전달하는 것에 중점을 둔 반면, 포토 에세이는 좀 더 깊이 있는 이야기를 전달하는 것에 중점을 둡니다. 우리가 찍은 사진은 때로는 감성을 전달하는 포토 에세이가 될 수 있습니다.

1) 그게 인생 아이니껴

무섬마을 사람들은 안다. '한국의 아름다운 길 100선'에 선정된 무섬 외나무다리.
그 외나무다리의 의미를... 꽃가마 타고 무섬에 들어와 평생을 살다 꽃상여 타고 무섬을 나가는 무섬 여인네의 애잔한 삶을... "그게 인생 아이니껴..." 김치전을 구워 내온 민박집 아주머니 얘기에 무섬은 밤새 물안개를 만들었나 보다.

2) 아, 어여 다녀와!

자녀들과 함께 무섬마을로 가을 나들이를 나온 노모.
외나무다리 앞까지 가보시더니 조용히 돌아서서
큰 나무 아래 벤치에 앉습니다.
자녀들이 오라고 손짓을 합니다.
노모는, "아, 어여 다녀와" 하며 손짓합니다.
지금껏 언제나 큰 나무가 되었고 아이들의 버팀목이 되었던
우리의 어머니... 이제는 장성한 자녀들의 배경이 됩니다.
그리고 아름다운 가을 나들이를 나왔습니다.
가을바람에 나뭇잎이 후드득 떨어집니다.

3) 아버지, 그 삶의 무게

안전화, 누군가의 삶의 무게를 말합니다.
이 안전화의 주인은 누군가의 아들이기도 하고 또 누군가의 아버지이기도 합니다.
많은 고단한 삶을 이겨내고 아이들을 뒷바라지하며 또 보람으로 일을 했을 것입니다.
그들은 이 시대 산업역군이기도 하며 한 가정의 가장이기도 합니다.
때로는 한숨과 함께 소주를 들이켜기도 하였고, 때로는 혼자서 몸부림치기도 했었고,
또 당당하기도 하였지만, 한없이 작아지는 자신을 숨기기도 했습니다.
이제는 이 안전화를 벗고 집으로 돌아갑니다. 겉으로는 태연하지만 속으로는 무진장 초조합니다.
아마 습관적으로 아침 일찍 일어나 머리를 감고 출근 준비를 서두를지 모르겠습니다.
이미 은퇴하였는데....

■ 사진작가들이 선호하는 카메라 필터 앱들

1) 맑은 하늘 필터 카메라, 피크닉

미세먼지 상관없어요. 어떤 날씨에나 맑은 하늘을 표현할 수 있는 피크닉 앱

❶ [피크닉] 앱을 [플레이 스토어]에서 다운받아 설치합니다. ❷ [피크닉] 앱은 ② 카메라로 열어 직접 맑은 하늘 필터를 적용한 사진을 촬영할 수도 있고, 이미 카메라로 촬영된 사진 중에서 ① 갤러리에 있는 사진을 불러와서 필터를 적용할 수 있습니다. ❸ 현재 33개의 필터를 적용하여 다양한 맑은 하늘 효과를 적용할 수 있습니다.

2) 상상 속 카메라를 현실에서 만나다, 포토샵 카메라

사진 편집 및 포토샵 스킬이 없더라도 전문 아티스트와 인플루언스의 영감을 적용한 다양한 렌즈 효과와 필터를 적용할 수 있습니다.

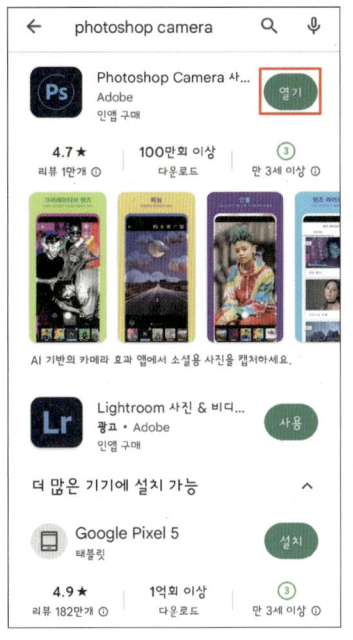  

1️⃣ [Photoshop Camera] 앱을 [플레이 스토어]에서 다운받아 설치합니다.
2️⃣ [포토샵 카메라] 앱은 카메라로 직접 촬영하면서 렌즈 효과를 적용할 수 있지만
3️⃣ 이미 촬영된 사진들을 갤러리 앨범에서 불러와서 다양한 효과를 적용할 수 있습니다.

1️⃣ 갤러리에서 사진을 선택하고 [렌즈]를 터치합니다. 2️⃣ 우측에 나열된 렌즈 효과 중에서 선택하여 터치하면 사진에 효과가 적용됩니다. 3️⃣ 터치해서 효과의 속성 레벨을 조절할 수 있습니다.

 다이내믹하고 임팩트한 카드뉴스 만들기

■ 픽사베이에서 무료 콘텐츠 다운받고 제대로 활용하는 법

[픽사베이]

픽사베이(Pixabay)는 퀄리티 좋은 무료 이미지, 일러스트, 동영상 등을 제공하는 온라인 플랫폼입니다.

▶ 픽사베이의 자료들은 개인용, 교육용, 상업용 등 다양한 용도로 사용할 수 있으며 출처를 밝히지 않아도 됩니다.
▶ 다양한 필터와 카테고리로 원하는 콘텐츠를 빠르고 효율적으로 찾을 수 있습니다.
▶ 한글과 영어로 검색하였을 시 결과가 다르므로 영어로도 검색하면 더 많은 콘텐츠를 찾을 수 있습니다.
▶ 지원되는 파일 형식은 JPG, PNG, PSD, AI, MPEG, MOV, MP3, GIF 등입니다.
▶ 내가 촬영한 사진이나 동영상을 업로드하여 다른 사용자들과 공유할 수 있습니다.
▶ 사진을 업로드 시에는 이미지에 알맞은 태그를 입력하여 검색이 잘되도록 합니다.
▶ 처음 업로드의 경우 10일에 10개의 이미지를 올릴 수 있으며 이미지 퀄리티 점수에 따라서 기본 한도가 증가하거나 줄어들 수 있습니다.
▶ 무료 이미지 외에도 유료로 제공되는 상업용 이미지 및 동영상도 제공되고 있습니다.

 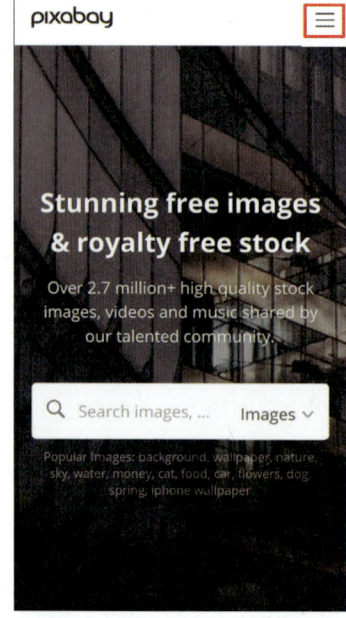 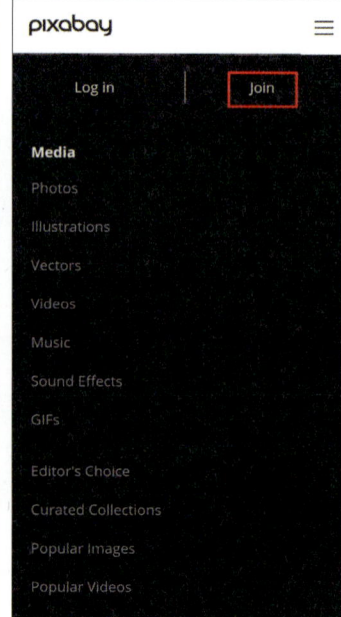

❶ ① [구글 Play스토어]에서 [픽사베이]를 검색합니다. ② 설치 후 [열기]를 터치합니다.
❷ 상단 오른쪽 [3개의 선]을 터치하여 설정 창으로 이동합니다.
❸ 회원가입을 하기 위하여 [Join]을 터치합니다.

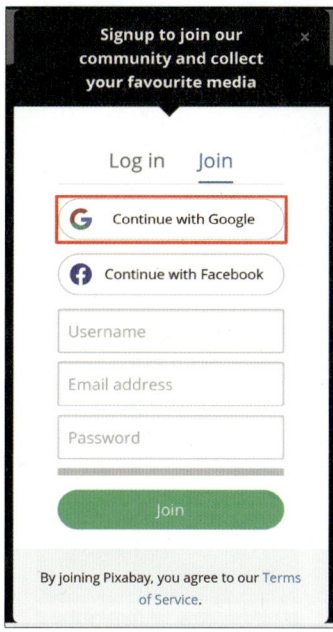 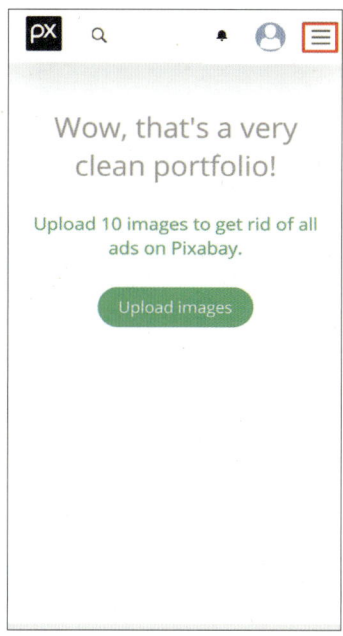 

1 [Continue with Google]을 터치하여 구글로 로그인을 합니다.
2 언어를 변경하기 위하여 오른쪽 상단 [3개의 선]을 터치합니다.
3 ① [Language]를 터치하여 ② [한국어]를 선택합니다.

 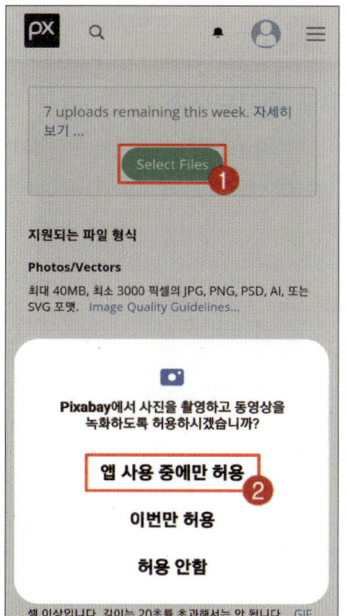 

1 [사진 업로드]를 터치하여 내가 촬영한 사진을 업로드하여 공유할 수 있습니다.
2 ① [Select Files]을 터치합니다. ② [앱 사용 중에만 허용]을 터치합니다.
3 기기의 미디어에 액세스를 허용하도록 [허용]을 터치합니다.

 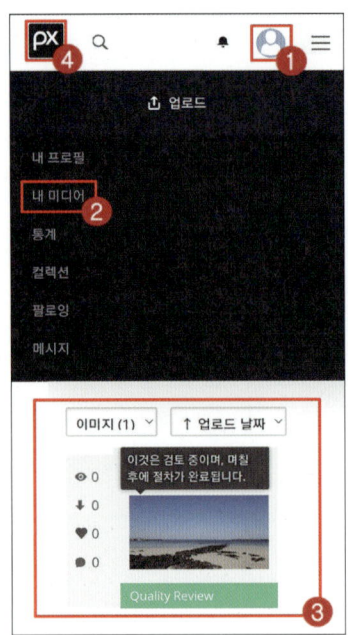 

1 ① 픽사베이에서 검색이 잘되도록 태그를 입력합니다. ② [확인]를 터치합니다.
2 ① 내 프로필을 터치하여 확인할 수 있습니다. ② [내 미디어]를 터치합니다.
③ 업로드한 이미지가 보이게 됩니다. ④ 픽사베이 홈 화면으로 이동하려면 로고를 터치합니다.
3 검색창에 [풍경화]라고 입력하여 이미지를 검색해 보겠습니다.

  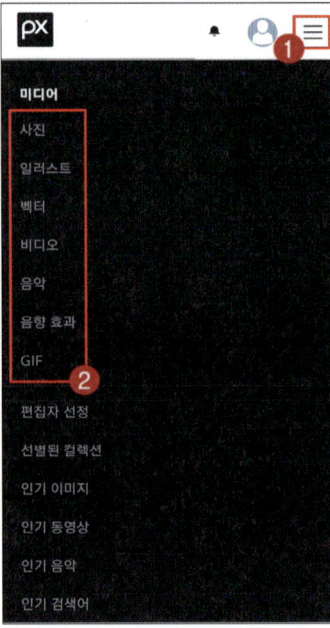

1 위로 드래그하며 마음에 드는 이미지를 찾아 터치합니다. 2 ① [무료 다운로드]를 터치합니다. ② 이미지 크기를 1920으로 선택하고 [다운로드]를 터치합니다. 갤러리의 Pictures 앨범에 저장이 됩니다. ③ [이미지 편집]을 터치하면 Canva와 호환이 되어 편집할 수 있습니다.
3 ① [3개의 선]을 터치합니다. ② 다른 형식의 파일을 선택하여 다운로드할 수 있습니다.

감성공장

[감성공장]

감성공장은 자신만의 캘리그림을 사진과 합성해 감성 넘치는 작품을 만드는 앱입니다.
사진에 필터를 적용하고, 캘리를 원하는 색상으로 변경할 수 있습니다.

▶ 가입 및 로그인 없이 감성공장에서 제공하는 감성 배경 사진을 사용할 수 있습니다.
▶ 갤러리에 저장되어 있는 사진으로도 작품을 만들 수 있습니다.
▶ 내가 쓴 캘리그라피 글씨를 갤러리에서 가져와 사진에 합성할 수 있습니다.
▶ 쉽고 편리하게 캘리그라피 합성이 가능한 점이 가장 큰 장점입니다.
▶ 만들어진 작품을 SNS에 공유할 수 있는 서비스를 제공합니다.

 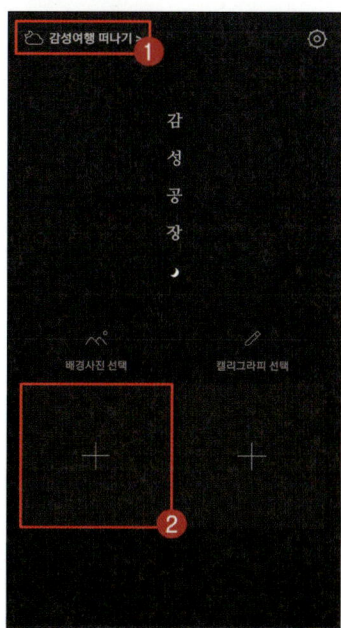 

1 ① [구글 Play스토어]에서 [감성공장]을 검색합니다. ② 설치 후 [열기]를 터치합니다.
2 ① [감성여행 떠나기] 터치하여 멋진 작품들을 볼 수 있습니다. ② 배경사진 선택의 [+]를 터치합니다. ③ 감성공장에서 제공하는 배경사진을 사용할 수 있습니다. 카테고리에서 [사랑]을 선택합니다.

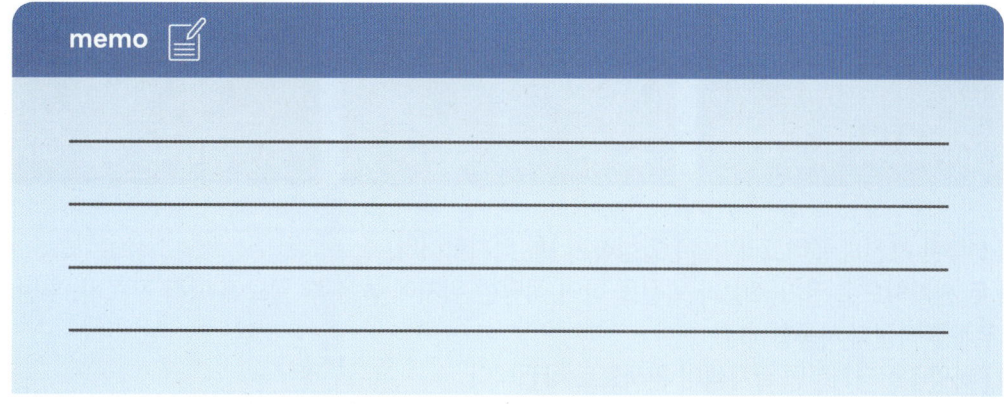

  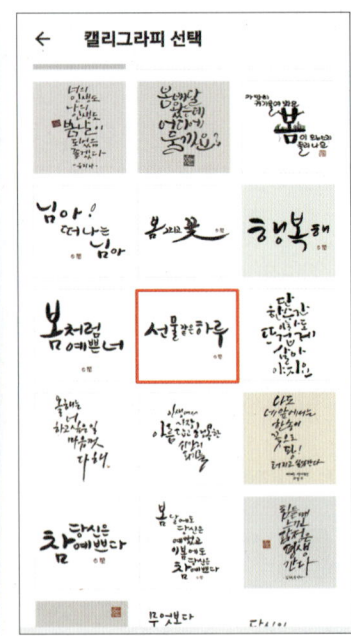

❶ 위로 드래그하여 사진을 보면서 마음에 드는 사진을 [선택]합니다.
❷ 캘리그라피 선택의 [+]를 터치합니다.
❸ 많은 캘리그라피 문구 중에서 마음에 드는 문구 [선물 같은 하루]를 선택합니다.

❶ 선택한 사진과 캘리그라피를 [합성하기]를 터치합니다.
❷ 두 손가락으로 크기 조절과 회전을 하여 적당한 위치에 놓은 후 필요에 따라 자르기, 투명도, 지우개를 적절히 사용합니다.
❸ [하양]을 터치하면 글자색이 흰색으로 바뀝니다.

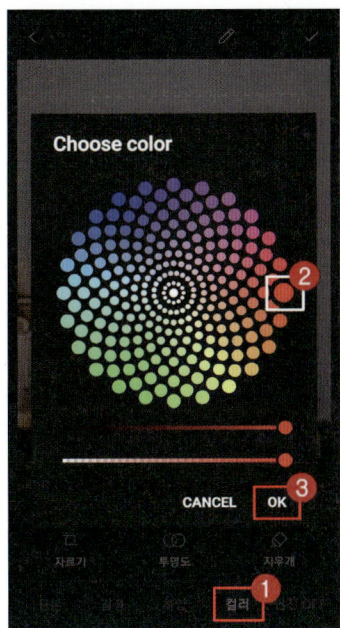  

1 ① [컬러]를 터치하여 Choose color 창에서 글자색상을 선택할 수 있습니다. ② 원하는 색상을 선택하고 ③ [OK]를 터치합니다. 2 캘리그라피 글자색이 빨간색으로 바뀌었습니다.
3 ① [이미지]를 터치합니다. ② 다양한 필터 효과를 눌러보며 잘 어울리는 효과를 선택합니다. [Warm]를 터치하여 효과를 적용하였습니다. ③ 오른쪽 상단의 [V]를 터치합니다.
갤러리 [callifactory] 앨범에 저장됩니다.

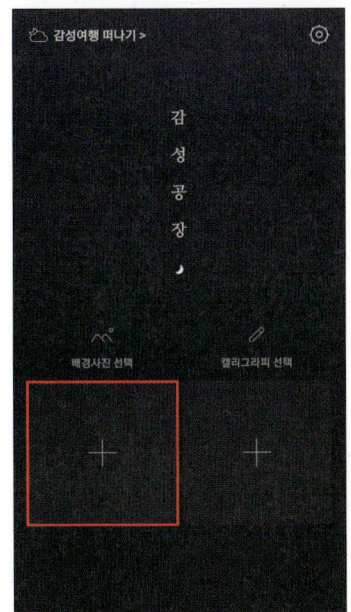  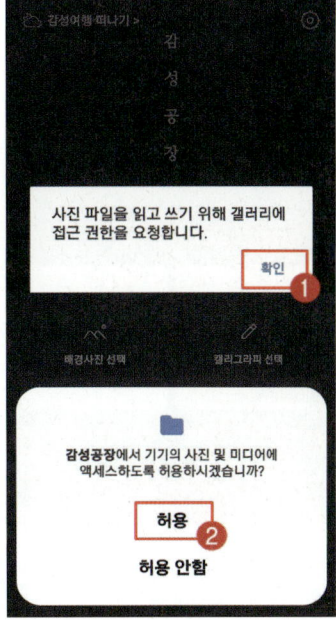

1 메인화면에서 배경사진 선택 [+]을 터치합니다. 2 [갤러리에서 선택]을 터치합니다.
3 ① 갤러리에 접근 권한 요청에 [확인]을 터치합니다. ② [허용]을 터치합니다.

1 갤러리에서 캘리그라피와 합성할 이미지를 선택합니다. 2 캘리그라피 선택화면에서 [+]를 터치합니다. 3 갤러리에서 직접 써놓은 캘리그라피 이미지를 선택합니다.

 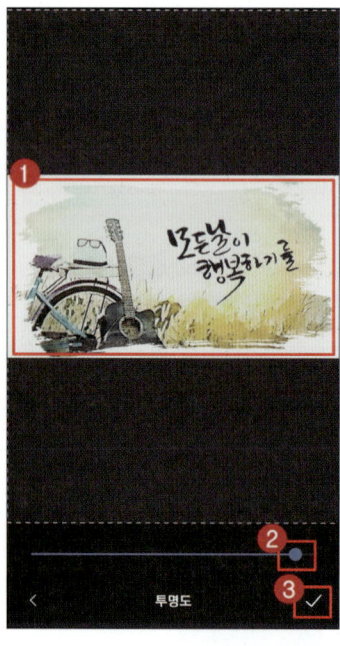 

1 [합성하기]를 터치합니다. 2 이미지와 캘리그라피가 합성이 되었습니다. ① [이미지]를 선택합니다. ② [투명도]를 조절하여 감성적인 이미지를 만들 수 있습니다. ③ 하단의 [V]을 터치합니다. 3 [필터 효과]를 눌러보며 어울리는 필터 효과를 선택합니다. ① [B&W]를 터치하여 흑백 효과를 적용합니다. ② 상단 오른쪽의 [V]를 터치합니다. 갤러리 [callifactory] 앨범에 저장됩니다.

◼ 수채화

[Qnipaint(큐니페인트)]

Qnipaint(큐니페인트)는 사진을 수채화 느낌으로 만들어주는 디지털 아트 편집 앱입니다.

▶ 사진을 멋진 수채화로 자동으로 생성합니다.
▶ 실시간으로 변하는 수채화 과정을 시뮬레이션으로 보여줍니다.
▶ 인물, 꽃, 풍경, 음식 모드의 수채화 효과를 만들 수 있습니다.
▶ 붓칠 느낌의 멋진 액자를 만들 수 있습니다.
▶ 밝기, 캔버스 질감, 컬러 필터 등 다양한 효과를 적용할 수 있습니다.
▶ 작품을 소셜 미디어 플랫폼에 공유할 수 있습니다.

 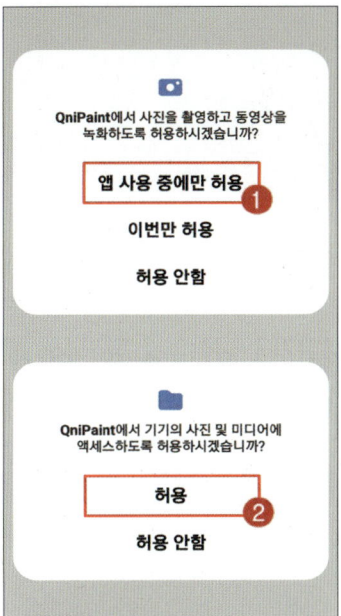 

1 ① [구글 Play스토어]에서 [수채화]를 검색합니다. ② 설치 후 [열기]를 터치합니다.
2 ① 사진과 동영상을 녹화하도록 [앱 사용 중에만 허용]을 터치합니다.
② 기기의 사진 및 미디어에 액세스 허용을 묻는 창에서 [허용]을 터치합니다.
3 ① 상단의 [갤러리]를 터치하거나 ② 하단의 [+]를 터치하여 ③ [갤러리]를 선택합니다.

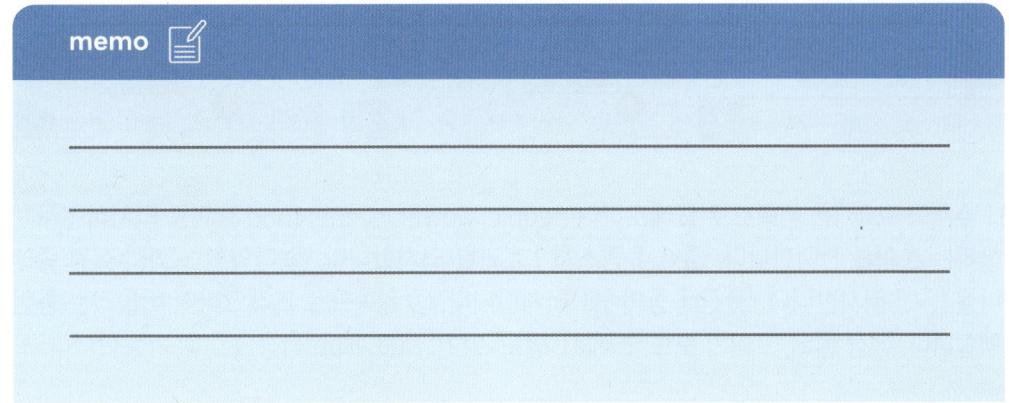

1 갤러리가 열리면 이미지 한 장을 선택하여 가져옵니다. **2** ① 다양한 비율 중에서 왼쪽으로 드래그하여 하나를 선택합니다. ② 수직 대칭, 회전, 수평 회전 ③ [V]를 터치합니다.
3 ① 광고창이 뜨면 [동영상 건너뛰기] 누른 후 ② 닫기 [X]를 터치합니다.

1 [수채화 효과]를 왼쪽으로 드래그하여 people, flower, scene, food 효과를 터치하면서 어울리는 효과를 선택합니다. **2** ① [텍스처] 효과를 터치합니다. ② 다양한 느낌의 질감 중에서 하나를 [V] 터치합니다. **3** ① [종이]를 터치합니다. ② 왼쪽으로 드래그하여 어울리는 종이를 선택합니다. 색상 필터, 그리기 모드, 스케치, 명도, 밝기, 채도, Hue 색상 조절이 가능합니다.

1️⃣ ① 3개의 점 [설정]을 터치합니다. ② [속성 초기화]를 터치하여 원본으로 돌릴 수 있습니다. ③ [↓]를 터치하여 저장합니다. 갤러리의 [QniPaint. Gallery] 앨범에 저장이 됩니다.
2️⃣ 수채화 앱 메인 화면의 메뉴 중에서 [콜라주]를 터치합니다.
3️⃣ ① 갤러리에서 사진을 여러 장 선택합니다. ② [콜라주]를 터치합니다.

▶ ① 사진을 선택합니다. ② 손가락으로 확대, 축소와 좌우 이동하여 구도를 맞춥니다. 다른 사진들도 같은 방법으로 어울리게 조절합니다. ③ 다운로드 [↓]를 터치하여 저장합니다.

글그램

[글그램]

글그램은 사진에 글쓰기 앱으로 감성글, 사랑글, 안부인사, 응원글, 썸네일 등 다양한 카드뉴스를 만들 수 있습니다.

▶ 글쓰기에 어울리는 배경을 제공합니다.
▶ 다양한 카테고리와 한글로 사진검색이 가능합니다.
▶ 다양한 무료 한글 글꼴을 제공합니다.
▶ 카드뉴스에 다양한 스타일을 적용할 수 있고 날짜 입력과 서명을 넣을 수 있습니다.

 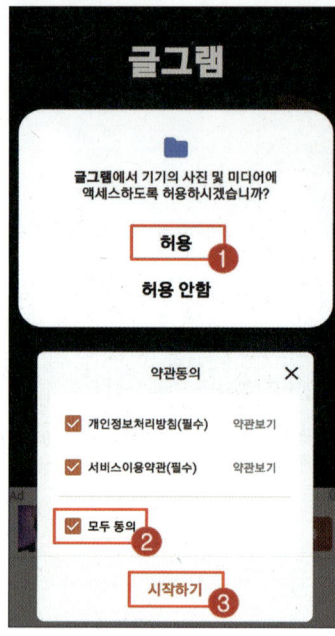 

1 ① [구글 Play스토어]에서 [글그램]을 검색합니다. ② 설치 후 [열기]를 터치합니다.
2 ① 사진 및 미디어에 액세스하도록 허용을 묻는 창에서 [허용]을 터치합니다. ② [모두 동의]에 체크합니다. ③ [시작하기]를 터치합니다.
3 글그램 메인에서 ① [아름다운 배경사진에 글쓰기], ② [컬러 배경에 글쓰기], ③ [내 사진에 글쓰기], ④ [내가 만든 글그램]을 편집하거나 공유할 수 있습니다. ① [아름다운 배경사진에 글쓰기]를 터치합니다.

memo

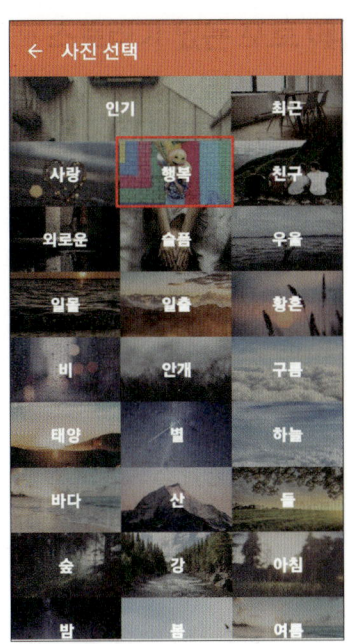  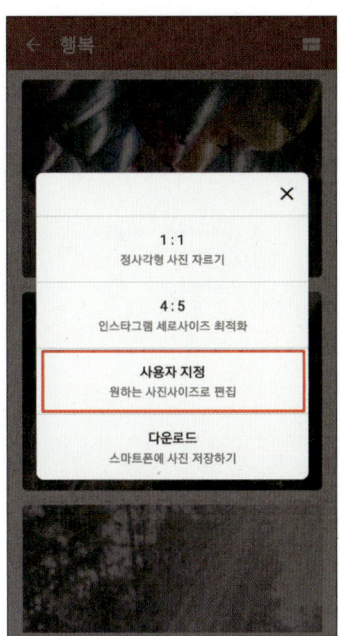

1 [행복]을 터치합니다.
2 사진을 위로 드래그하며 원하는 사진을 선택합니다.
3 다양한 비율을 선택할 수 있습니다. [사용자 지정]을 터치합니다.

1 ① [1:1, 3:4, 원본, 3:2, 16:9]를 선택할 수 있습니다. ② [자르기], [회전], [확대]를 조절합니다. 사진을 손가락으로 핑거 줌하여 원하는 구도를 잡은 후 ③ [∨]를 터치합니다.
2 [터치하여 글자를 입력하세요.]를 터치합니다.
3 ① 글을 입력한 후 ② [∨]를 터치합니다.

1 [스타일]을 터치합니다. 2 ① Blur에 체크하면 [V] 배경에 블러효과가 적용됩니다. ② 배경색을 선택하여 변화를 줄 수 있습니다. ③ 드래그하여 다양한 스타일에서 잘 어울리는 효과를 선택하여 적용합니다. 3 [글꼴 & 크기]를 터치합니다.

 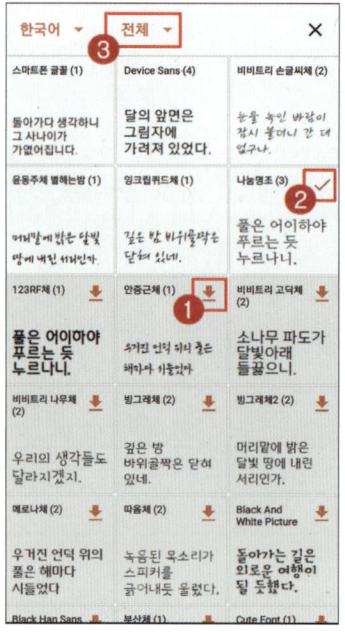 

1 ① [글자크기]를 좌우로 움직여 크기를 조절합니다. ② [전체보기]를 터치합니다.
2 ① 위로 드래그하며 원하는 글꼴을 다운로드 [↓]를 합니다. ② 다운로드 후 적용하려는 글꼴 선택 [V]합니다. ③ [전체]를 터치하면 고딕체, 명조체, 디자인, 손글씨, 모노스페이스 등의 카테고리별로 글꼴 검색이 가능합니다. 3 [글자 색 & 정렬]을 터치합니다.

  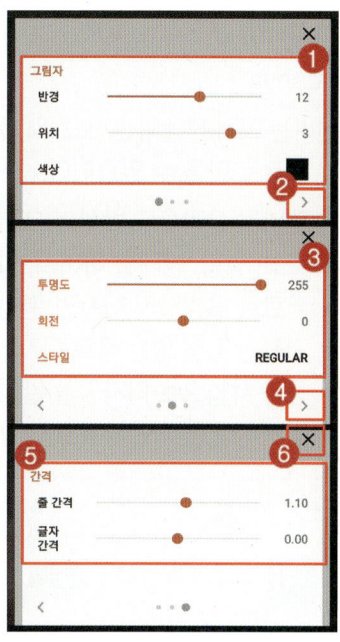

1 ① 왼쪽, 가운데, 오른쪽에서 정렬합니다. ② 왼쪽으로 드래그하여 원하는 색상을 [선택]합니다. ③ [글 효과]를 터치합니다. 2 ① [그림자]의 반경, 위치, 색상을 조절하여 적용합니다. ② [>]를 터치합니다. ③ [투명도], [회전], [스타일]을 조절하여 적용합니다. ④ [>]를 터치합니다. ⑤ [간격]의 줄 간격과 글자 간격을 조절합니다. ⑥ 설정 완료 후 [X]를 터치합니다.

 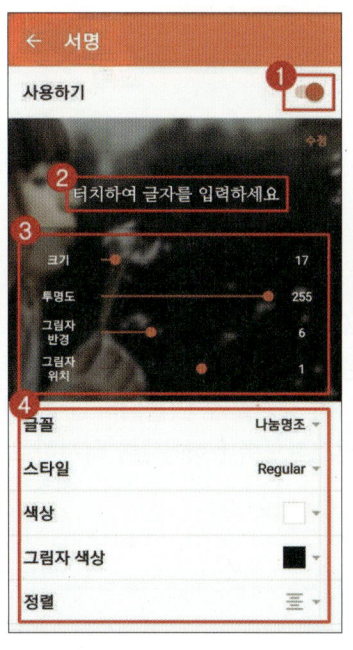 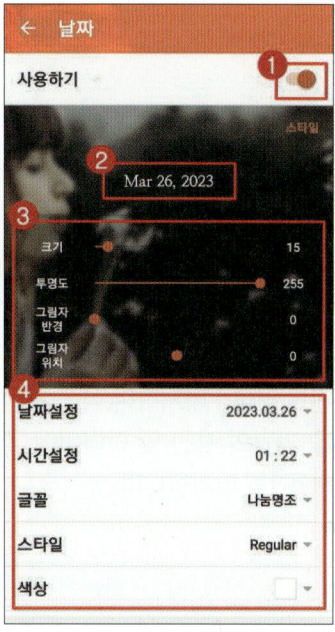

1 [서명]을 터치합니다. 2 ① [사용하기]를 터치합니다. ② 터치하여 서명을 입력합니다. ③ [크기, 투명도, 그림자 반경, 그림자 위치]를 수정합니다. ④ [글꼴, 스타일, 색상, 그림자 색상, 정렬]을 수정합니다. 3 날짜 페이지에서 ① [사용하기]를 터치합니다. ② 날짜를 터치하여 다양한 스타일을 선택할 수 있습니다. ③, ④의 속성값은 서명과 같은 방법으로 수정합니다.

캔바

[Canva]

캔바는 프레젠테이션, 포스터, 문서 등 SNS 콘텐츠를 전문 디자이너의 템플릿을 이용하여 무료 및 유료로 만들 수 있습니다.

▶ 캔바는 클라우드 방식의 그래픽 디자인 플랫폼입니다.
▶ 로고, 명함, 썸네일 이미지, SNS 콘텐츠를 템플릿을 이용하여 만들 수 있습니다.
▶ 무료로 고퀄리티 디자인 편집이 가능합니다.
▶ 저작권 걱정 없는 무료 디자인 툴입니다.
▶ 공동 작업으로 디자인을 완성할 수 있습니다.
▶ 디자이너 없이도 무료로 다양한 디자인 작업을 빠르고 손쉽게 만들 수 있습니다.

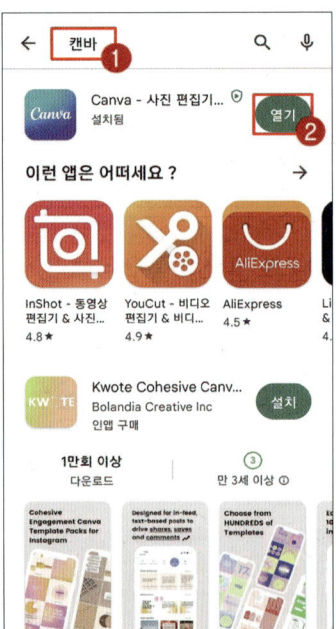  

■ ① [구글 Play스토어]에서 [캔바]를 검색합니다. ② 설치 후 [열기]를 터치합니다.
캔바 이용 약관에 [동의]하고 [Google 계정으로 계속하기]를 선택하여 로그인합니다.
■ ① [메뉴]에서 사용자 계정정보와 설정을 확인할 수 있습니다. ② [내 콘텐츠 또는 Canva 콘텐츠 검색] 터치하여 직접 입력하여 검색할 수 있습니다 ③ [카메라] 터치합니다.
■ 기기의 사진 및 미디어에 액세스하도록 [허용]을 터치하고 카메라 권한도 [앱 사용 중에만 허용]을 터치합니다.

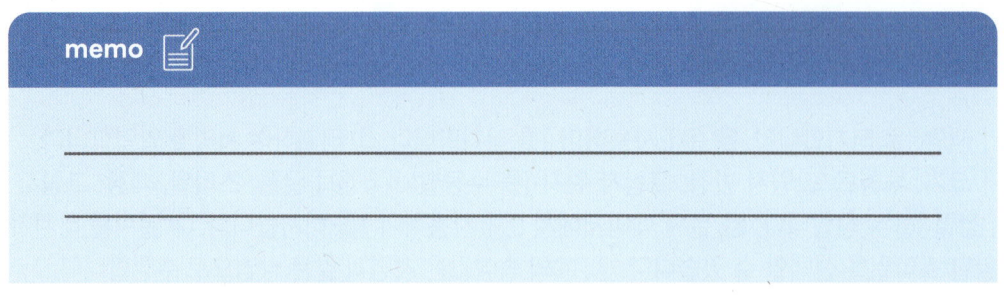

1️⃣ ① [홈] 캔바의 메인화면입니다. ② [프로젝트]에서 내가 편집한 디자인을 확인할 수 있습니다. ③ [+]를 터치하여 템플릿을 선택하여 만들거나 갤러리의 미디어를 선택하여 만들 수 있습니다. ④ [템플릿]을 선택하여 만들 수 있습니다. ⑤ [왕관] 유료 사용자가 사용할 수 있습니다.

2️⃣ ① [소셜 미디어]를 터치합니다. ② 드래그하여 화면을 위로 올립니다. ③ 인스타그램 게시물의 [모두 보기]를 터치합니다. 3️⃣ [필터]를 터치합니다.

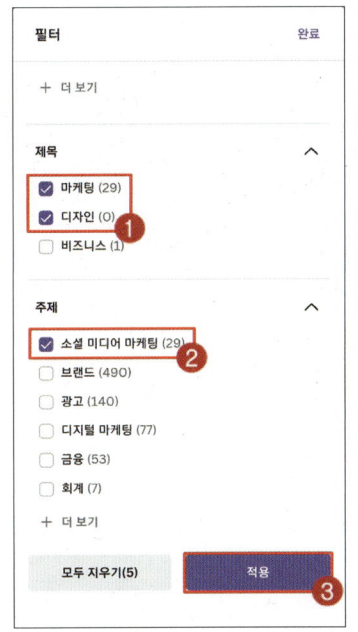  

1️⃣ ①, ② 카테고리에서 주제를 터치합니다. ③ [적용]을 터치합니다. 2️⃣ 다양한 템플릿에서 하나의 템플릿을 터치합니다. 3️⃣ [이미지]를 선택하고 [바꾸기]를 터치합니다.

1️⃣ 갤러리가 열리면 이미지 한 장을 선택합니다.
2️⃣ 이미지가 교체가 되었습니다.
3️⃣ 글씨 수정을 위하여 ① [글씨]를 터치합니다. ② [편집]을 터치하여 글을 수정합니다.

1️⃣ ① 수정된 글씨 [BEAUTIFUL]을 볼 수 있습니다. [글자선택]하고 ② [글꼴]을 터치합니다.
2️⃣ 글꼴을 위로 드래그하여 원하는 글꼴을 선택하여 변경합니다.
3️⃣ [글꼴 크기]를 터치합니다.

 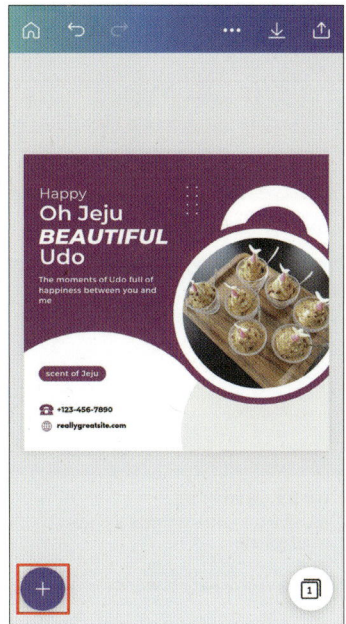 

1 [조절점]을 좌우로 드래그하여 글꼴 크기를 조절합니다.
2 요소를 추가하기 위해 하단의 [+]를 터치합니다.
3 ① [요소]를 터치합니다. ② 검색창에 [아이스크림]을 입력하여 검색합니다. ③ [그래픽]을 터치하여 ④ 이미지를 선택합니다.

 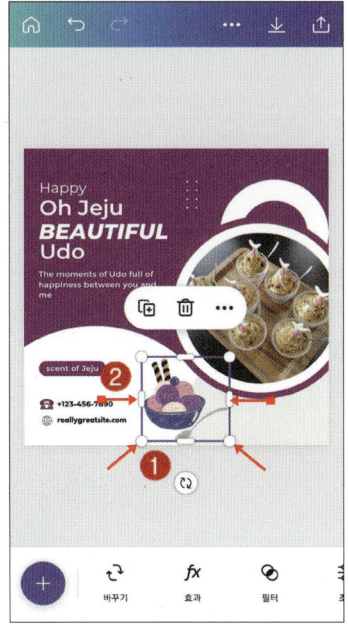 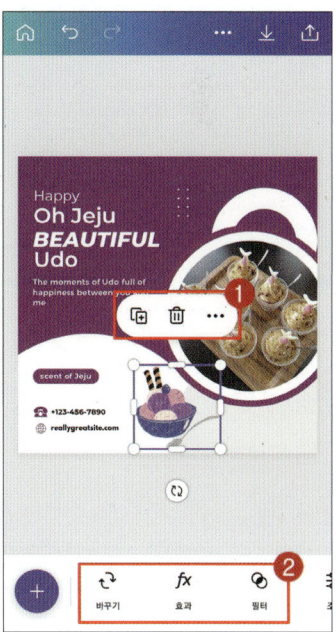

1 요소 이미지를 터치합니다. 2 ① [모서리]를 터치하여 크기를 수정합니다. ② [가운데 선]은 이미지가 잘리기됩니다. 3 ① 복사, 삭제, 붙여넣기, 여러 요소 선택 등의 효과가 있습니다.
② [바꾸기, 효과, 조정, 애니메이션]등 효과를 적용할 수 있습니다.

1 상단의 [↓]를 터치하여 이미지를 저장합니다. 갤러리에 저장이 됩니다.
2 다운로드가 완료되었습니다. [복사]를 터치하여 링크로 공유가 가능합니다.
3 ① 상단의 [공유]아이콘을 터치합니다. ② [다운로드]를 터치합니다.

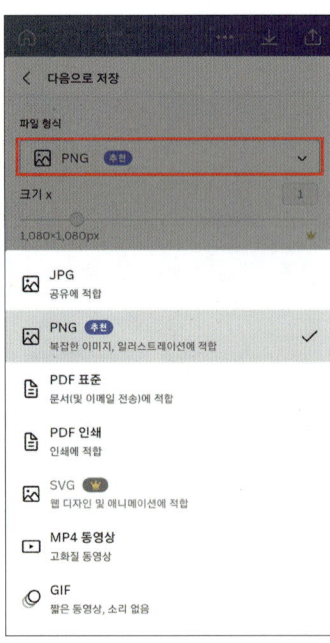

▶ 파일 형식의 [PNG]를 터치하면 다양한 파일 형식으로 저장할 수 있습니다.

이미지 합성 제대로 알면 소통이 원활해지고 인생이 즐거워진다

■ **포토퍼니아**

① ① [Play스토어]에서 [포토퍼니아]를 검색합니다. ② [설치] 후 열기를 터치합니다.
② 앱 평가 화면에 [나중에]를 터치합니다. ③ 포토퍼니아 앱의 첫 화면입니다. 왼쪽 상단에 위치한 가이드 메뉴 중 [카테고리]를 터치합니다.

① 카테고리 화면을 위로 드래그하여 [잡지]를 선택합니다. ② 다양한 잡지 템플릿 중 [아침 신문]을 터치합니다. ③ ① 하단에 [사진을 선택하십시오]를 터치합니다. ② 사진을 불러올 수 있는 팝업창에서 [기존 사진 선택]을 터치합니다.

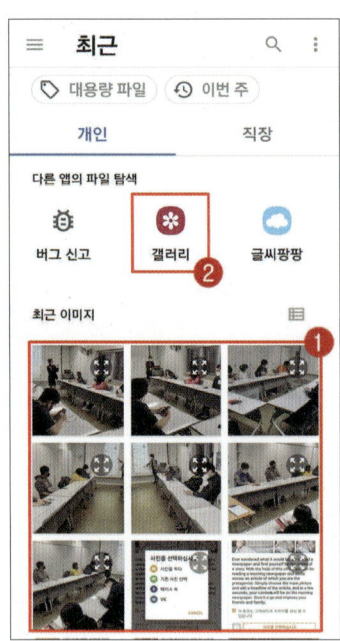  

1 ① 사용자 갤러리에 최근 사진 순으로 보이며 더 많은 사진을 보려면 ② [갤러리]를 터치하여 선택할 수 있습니다. **2** 사진을 선택 후 [확인]을 터치합니다. **3** ① 선택한 사진이 맞는지 확인 및 사진을 변경할 수 있습니다. ② 사진에 제목도 삽입할 수 있습니다. ③ [확인]을 터치하여 진행합니다.

1 이미지 합성이 진행 중인 화면입니다. **2** 사진 합성이 완료된 화면입니다. ① 저장할 이미지의 사이즈를 선택할 수 있습니다. ② 사용자 갤러리에 저장할 수 있습니다. ③ 완성된 사진을 다른 사이트로 공유할 수 있습니다. **3** 이번에는 원하는 템플릿을 [검색 아이콘]을 터치하여 찾아보 겠습니다.

  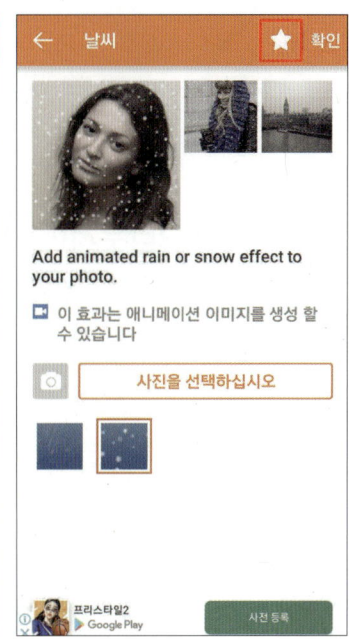

1 ① 검색창에 [날씨]를 검색합니다. ② 날씨에 관련된 템플릿 중 원하는 템플릿을 터치합니다.
2 ① 합성에 필요한 사진을 직접 촬영하거나 사용자 갤러리에서 사진을 불러올 수 있습니다.
② 비 내리기 효과와 눈 내리기 효과 중 선택합니다. ③ [확인]을 터치하여 진행합니다.
3 ★를 터치하여 맘에 드는 효과를 즐겨찾기에 등록할 수 있습니다.

memo

 스마트폰 하나면 나도 UCC전문가다

◼ 브레이브 브라우저(광고 없이 유튜브 보기)

브레이브 웹 브라우저는 제3자 광고를 차단하는 애드블로커가 내장되어 안전하며 빠른 속도가 특징인 웹 브라우저 앱입니다.

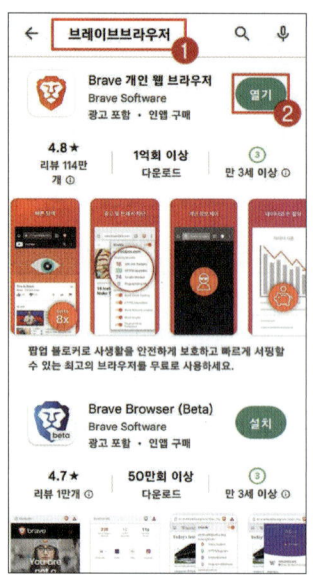 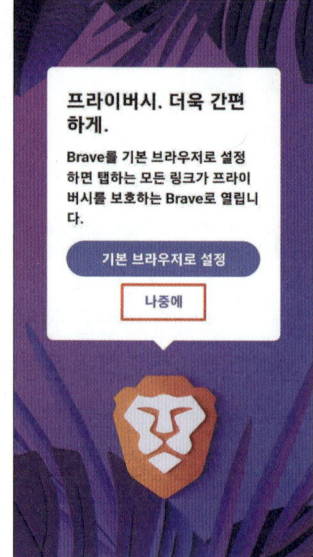 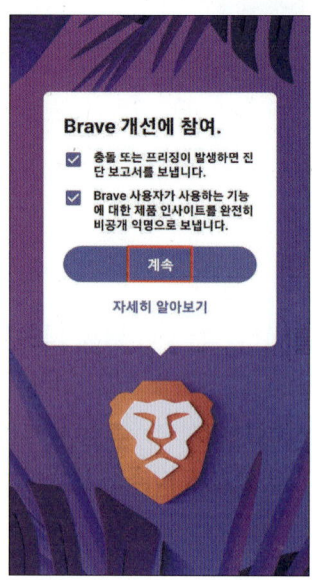

1 ① [구글 Play스토어]에서 [브레이브 브라우저]를 검색합니다. ② 설치 후 [열기]를 터치합니다. **2** [나중에]를 터치합니다. **3** [계속]을 터치하여 다음 화면으로 진행합니다.

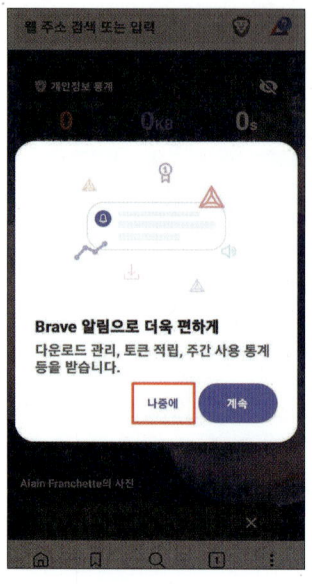 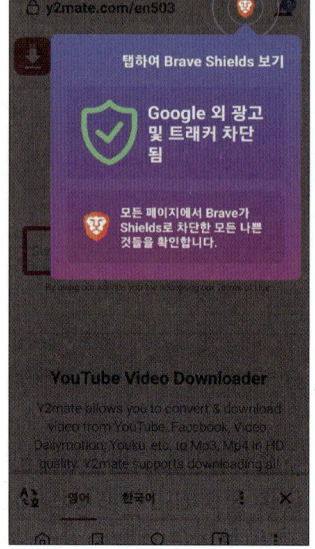 

1 [나중에]를 터치합니다. **2** 팝업창이 보입니다. 팝업창밖 화면을 터치합니다.
3 검색창에 [youtube.com]을 입력 후 진행하면 광고 없는 유튜브 화면을 보실 수 있습니다.

■ 유튜브에서 내가 원하는 음악 및 동영상 다운받기

 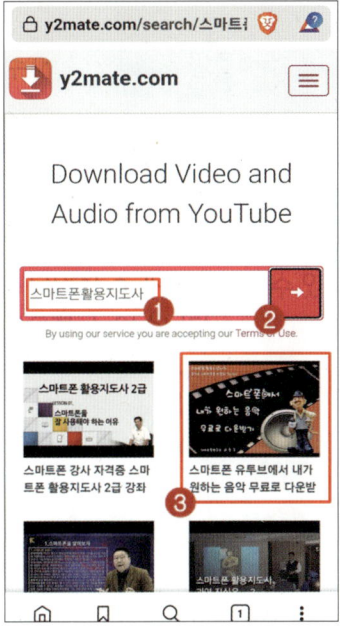 

1 유튜브에서 내가 원하는 음악 및 동영상 다운받기 위한 첫 번째 방법으로 브레이브 브라우저 검색창에 [y2mate.com]을 검색합니다. **2** ① 내가 원하는 키워드 [스마트폰활용지도사]로 입력 후 ② [→] 방향키를 터치하면 하단에 스마트폰활용지도사 영상이 나열됩니다. ③ 다운받고 싶은 영상을 선택합니다. **3** 선택된 영상 화면 아래 ① 동영상을 다운받고 싶다면 [Video]를 터치 ② 소리만 받고 싶다면 [Audio]를 터치합니다. ③ 화면을 위로 드래그하여 진행합니다.

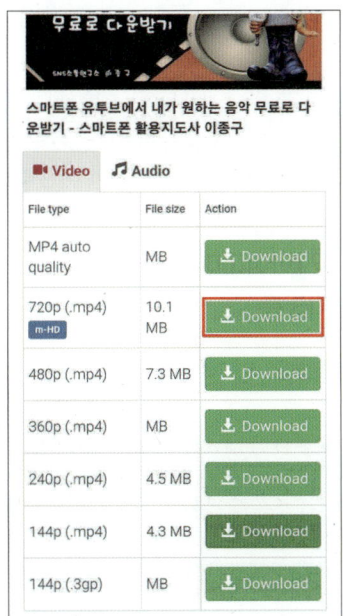 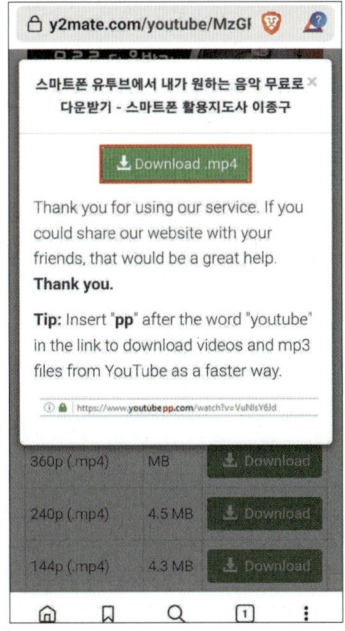 

1 원하는 파일 타입 및 크기로 선택 후 [Download]를 터치합니다.
2 다시 한번 파일 확인 후 [Download .mp4]를 터치합니다.
3 마지막으로 다운로드 위치 확인 후 [다운로드]를 터치하여 완료합니다.

  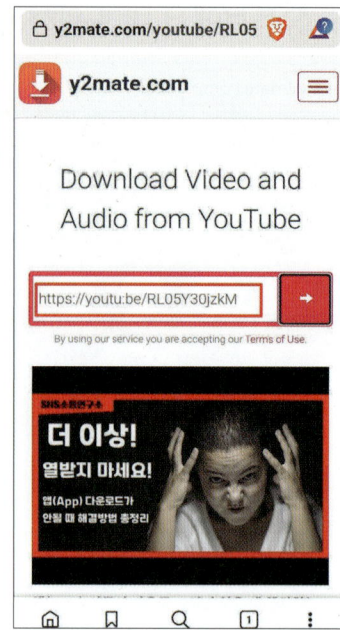

① 이번에는 유튜브에서 내가 원하는 음악 및 동영상 다운받기 위한 두 번째 방법으로 유튜브에서 원하는 영상을 재생시킨 후 영상 하단의 [공유]를 터치합니다.
② [링크 복사]를 터치합니다. ③ y2mate.com 검색창에 복사한 링크를 [붙여넣기] 하면 다운로드하고 싶은 영상이 나옵니다.

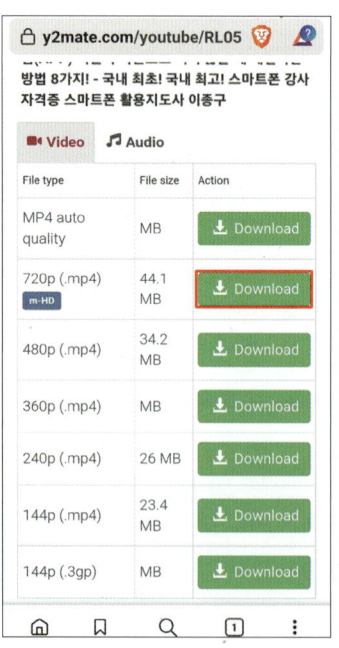 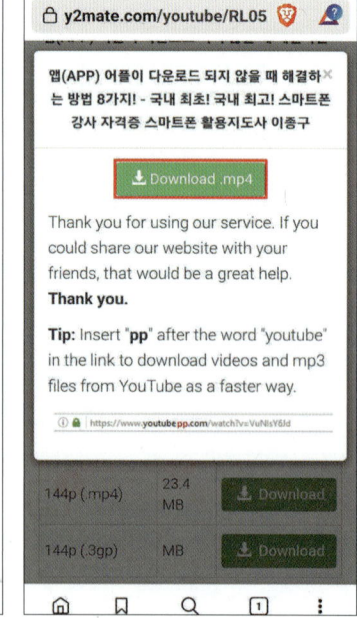 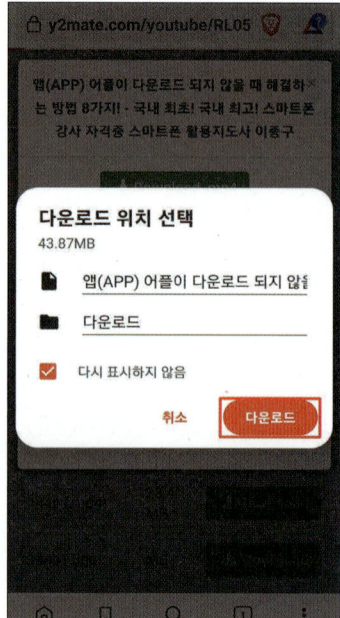

① 원하는 파일 타입 및 크기로 선택 후 [Download]를 터치합니다.
② 다시 한번 파일 확인 후 [Download .mp4]를 터치합니다.
③ 마지막으로 다운로드 위치 확인 후 [다운로드]를 터치하여 완료합니다.

■ 파도 MP3(안드로이드폰 음악 다운받기)

파도 MP3 앱은 가수 또는 노래로 검색 후 무료로 음악을 감상하고 다운로드할 수 있습니다.

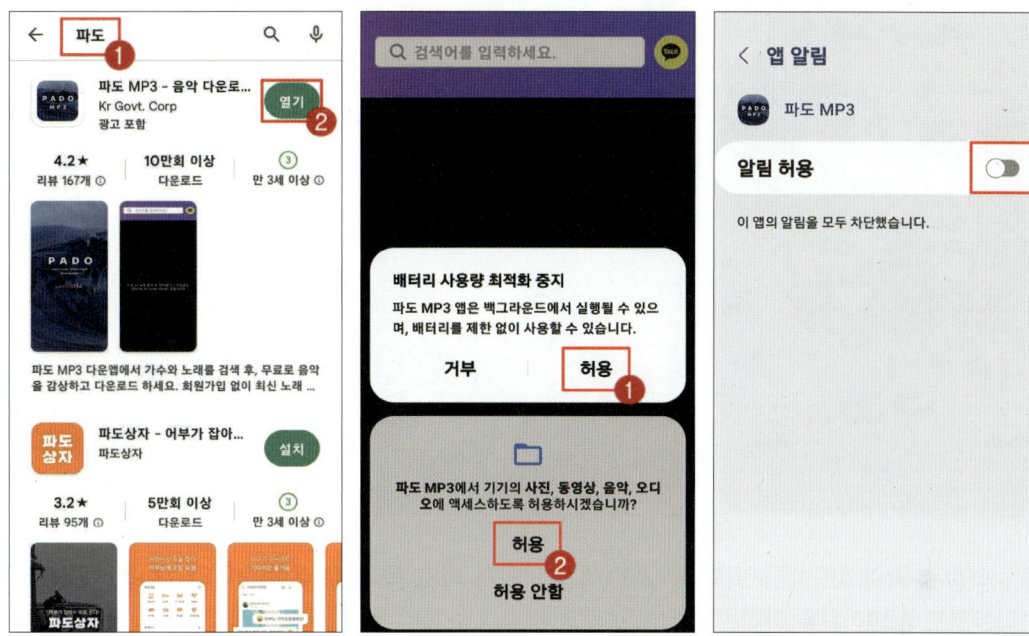

1 ① [구글 Play스토어]에서 [파도]를 검색합니다. ② 설치 후 [열기]를 터치합니다.
2 ① 배터리 사용량 최적화 중지에 [허용]을 터치합니다. ② 기기의 사진, 동영상, 음악 등에 액세스하도록 [허용]을 터치합니다. 3 앱 알림 허용 버튼을 터치하여 활성화합니다.

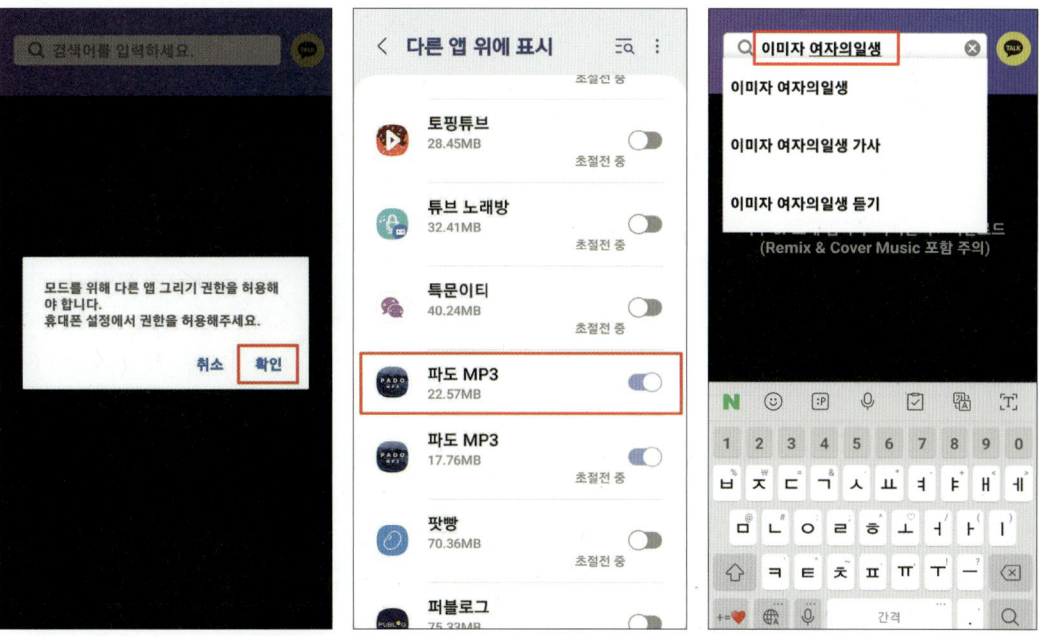

1 다른 앱 그리기 권한 허용에 [확인]을 터치합니다. 2 파도 MP3 앱을 찾아 활성화 버튼을 터치합니다. 3 파도 MP3 앱 첫 화면입니다. 상단 검색창에 원하는 가수 이름 또는 노래 제목으로 검색할 수 있습니다.

 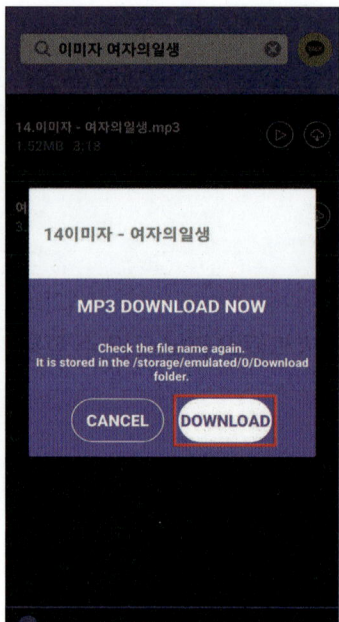 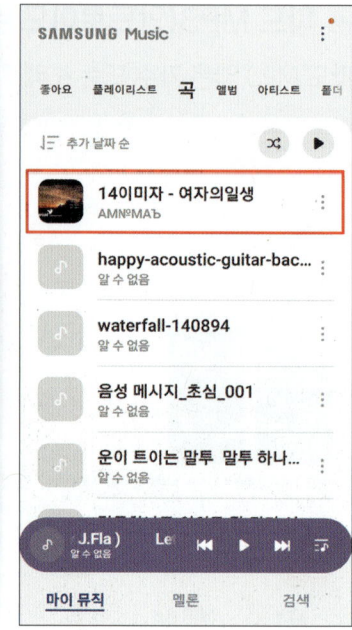

1 검색한 음악이 하단에 보입니다. ① 검색한 음악을 바로 듣기 할 수 있습니다. ② 검색한 음악을 다운로드하려면 구름 아이콘을 터치합니다.
2 다운로드할지 취소할지 묻는 팝업창에서 [다운로드]를 터치합니다.
3 다운로드한 음악은 삼성 뮤직 앱 카테고리 곡에서 확인할 수 있으며, 스마트폰 내 파일 오디오 파일에서도 확인할 수 있습니다.

■ 쉽게 Short Form Movie 만들기 - 비타(VITA)

쉽고 간편한 브이로그, 유튜브 영상 편집 앱
다양한 자막, 음악, 템플릿으로 누구나 쉽게 트렌디한 vlog를 편집할 수 있습니다.

 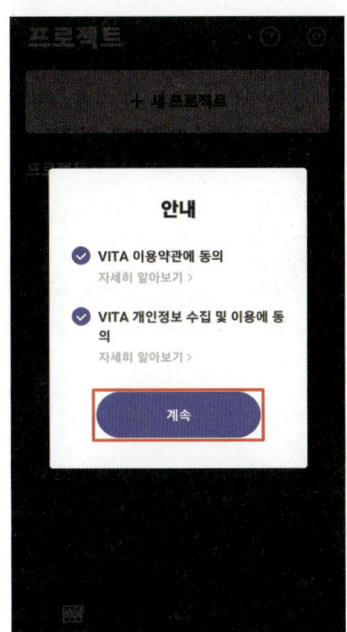 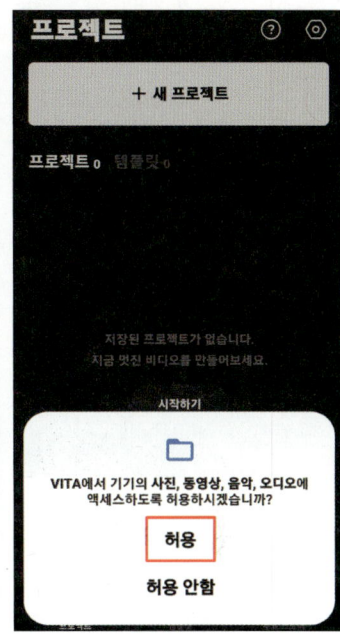

1️⃣ ① [구글 Play스토어]에서 [비타]를 검색합니다. ② 설치 후 [열기]를 터치합니다.
2️⃣ 비타 이용약관 동의에 [계속]을 터치합니다. 3️⃣ [허용]을 터치하여 다음 화면으로 진행합니다.

  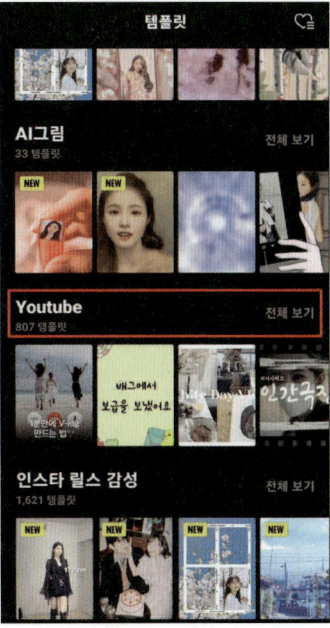

1️⃣ 가이드 화면에 [X]를 터치합니다. 2️⃣ ① 비타 앱에서 제공하는 템플릿을 활용하여 영상을 제작할 수 있습니다. ② 상단 카테고리에서 원하는 템플릿을 선택할 수 있고 ③ 화면을 위로 드래그하여 테마별 템플릿을 선택할 수 있습니다. 3️⃣ 예시로 [Youtube]를 선택 후 터치합니다.

1 유튜브 영상 제작에 최적화된 다양한 템플릿이 보입니다. ① 영상 재생 시간 ② 템플릿 디자인을 고려하여 선택합니다. **2** 원하는 템플릿을 사용하려면 [사용하기]를 터치합니다.
3 ① 템플릿에 따라 동영상 및 이미지로 선택할 수 있습니다. ② 예시로 선택한 템플릿에서는 9개의 영상 또는 사진이 필요합니다. 갤러리에서 필요한 사진을 9장을 터치하여 진행합니다.

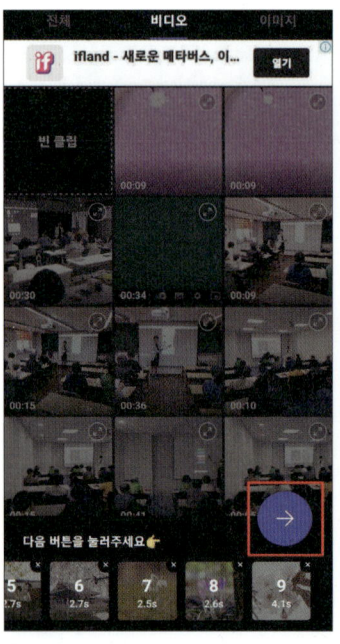  

1 이미지를 모두 선택했다면 [→]를 터치하여 진행합니다.
2 하단 메뉴에서 ① [비디오]를 선택 후 ② [편집]을 터치합니다.
3 ① 사진을 교체 수정할 수 있고 ② 사진의 크기를 수정할 수 있습니다.

  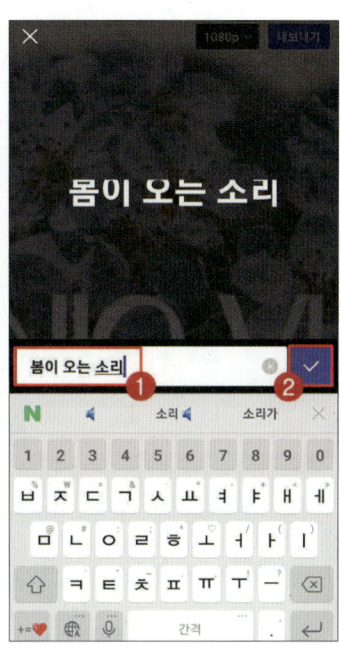

1 하단 메뉴에서 ① [PIP]를 선택 후 ② [편집]을 터치하여 이미지를 편집할 수 있습니다.
2 ① [텍스트] 메뉴를 선택 후 ② [편집]을 터치합니다.
3 ① 기존 영어 텍스트를 지우고 원하는 문구로 입력한 후 ② [V]를 터치하여 진행합니다.

 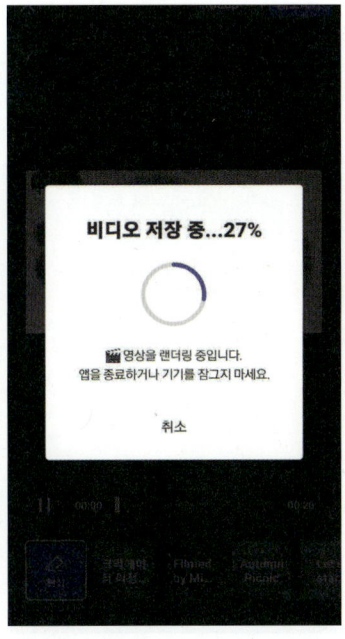 

1 영상 편집이 완료되었다면 [내보내기]를 터치합니다.
2 영상 랜더링 상태를 보여주며 100% 후 사용자 갤러리에 저장됩니다.
3 완성된 영상은 다른 사이트로 공유할 수 있으며 [상세편집]을 통해 더 다양한 편집을 하실 수 있습니다.

1 이번에는 템플릿에서 [봄] 테마를 터치합니다.
2 화면을 위아래로 드래그하여 세로 영상 템플릿을 선택합니다.
3 [사용하기]를 터치하여 진행합니다.

1 영상 1개로 만드는 템플릿입니다. ① 갤러리에서 영상을 선택 후 ② [→]를 터치합니다.
2 [편집]을 터치합니다.
3 ① 영상을 다른 영상으로 교체할 수 있고 ② 영상에서 필요한 구간을 편집 설정할 수 있습니다.

 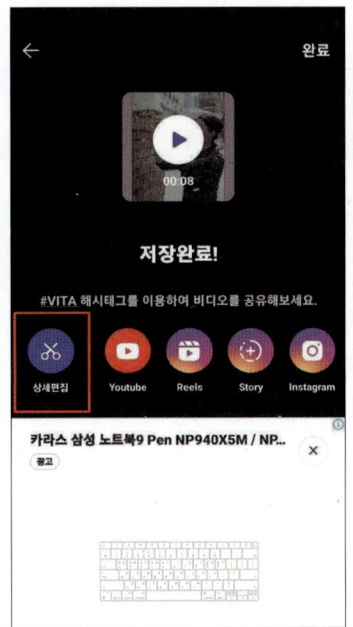 

1️⃣ 영상 편집이 완료되면 [내보내기]를 터치합니다.
2️⃣ 완성된 영상은 다른 사이트로 공유할 수 있으며 [상세편집]을 터치합니다.
3️⃣ 상세편집에서 다양한 편집 도구를 활용하여 영상에 추가 편집을 하실 수 있습니다.

memo

 **스마트폰 하나면 나도 스마트워커다!**

■ vFlat

VoyagerX라는 국내회사가 개발한 스캐너로 플레이 스토어 평점 4.9의 인기 앱입니다. 스캔은 무제한 무료이나 최근 운영방침이 바뀌어 몇 가지 기능이 유료로 변경되었습니다.
▶ 문서, 책, 메모 등 핸드폰으로 촬영한 이미지를 고화질 PDF 또는 JPG 이미지로 만들어줍니다.
▶ 스캔할 문서나 책 페이지의 테두리를 자동으로 인식하여 자르고 보정합니다.
▶ 문자인식 기능을 통해 스캔한 이미지를 텍스트로 변환할 수 있습니다.
▶ 키워드를 입력하고 관련 문서를 빠르게 찾아낼 수 있습니다. 검색기능은 문자인식(OCR)을 완료 후 가능합니다.
▶ 스캔한 이미지를 PDF 파일로 변환할 수 있으며 페이지 순서를 정렬할 수 있습니다.
▶ 책 스캔 시 손가락을 지워줍니다. 두 페이지 촬영 모드에서는 좌우 페이지를 한 번에 촬영하고 분할하여 저장할 수 있습니다.
▶ 대용량 PDF 파일도 빠르게 텍스트를 추출할 수 있습니다.

1) vFlat 메뉴와 설정하기

  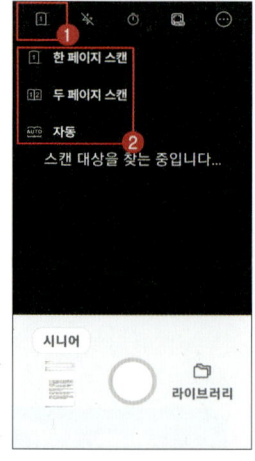

1 [Play 스토어]에서 [vFlat]을 검색하여 설치하고 필수 접근 권한을 허용한 다음 몇 가지 vFlat 사용법 설명을 넘기면 첫 번째 화면이 나옵니다. ①은 [페이지 설정] 탭입니다. ② [플래시] 기능입니다. ③ [타이머] 기능입니다. 책을 스캔할 때 타이머를 설정하면 자동 촬영되어 편리합니다. 3, 4, 5, 7초 중 선택할 수 있습니다. 특히 책을 스캔할 때 책장을 넘기는 시간을 감안하여 2, 3초 정도 설정해 사용하면 편리합니다. ④ [자동 스캔 기능]입니다. 이것을 켜 놓으면 스캔 대상을 스스로 인지한 후 자동으로 스캔됩니다. ⑤ [설정 탭]입니다. **2** ① [설정 탭]을 터치하면 아래와 같은 기능들이 나타납니다. [셔터 소리]는 무음으로 설정할 수 있습니다. ② [색상 보정 기능]입니다. 이 기능을 끄면 원래의 색상으로 스캔됩니다. 깔끔한 스캔을 원하면 켜고 사용하는 것이 좋습니다. ③ [손가락 지우기]는 책을 스캔할 때 손가락이 나오는 것을 지워줍니다. ④ [스캔 가이드]는 스캔 대상 영역을 표시합니다. **3** ① [페이지 탭]을 터치해서 ② 페이지를 설정하면 됩니다.

2) vFlat 스캔하기

  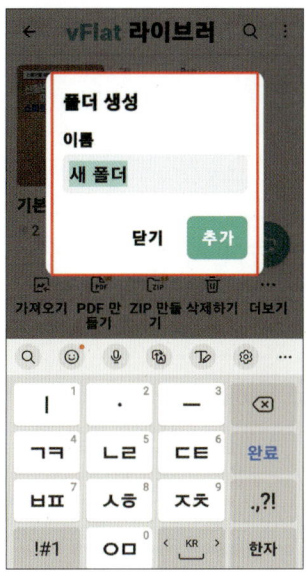

1️⃣ [vFlat]을 열어 스캔할 대상에 가져가면 자동으로 [테두리]를 인식합니다. 스캔 촬영 방법은 ① [자동 스캔]을 켜놓고 자동으로 할 수 있습니다. ② [촬영 버튼]을 터치하여 스캔합니다. ③ 스캔을 하면 자동으로 화면이 맞춰지며 저장됩니다. ④ [라이브러리]에서 스캔된 것을 확인할 수 있습니다. 2️⃣ 라이브러리에 들어가면 ① [기본 폴더]가 있지만 자료의 종류가 많을 땐 ② [폴더]를 만들어 사용하면 됩니다. 3️⃣ [폴더]를 터치하고 들어가 [폴더 이름]을 넣고 [추가]하면 폴더가 만들어집니다.

3) 라이브러리 메뉴와 가져오기

  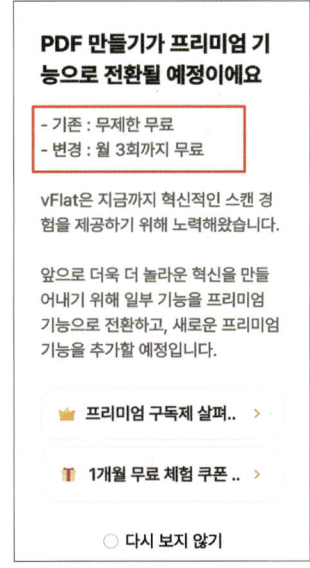

1️⃣ [라이브러리] 아래쪽에 메뉴가 있는데 [더보기]까지 터치하면 6개의 메뉴가 나타납니다. 노랗게 [왕관표시]가 있는 것은 [프리미엄] 메뉴입니다. 2️⃣ 메뉴 제일 앞쪽 [가져오기]를 터치하여 [이미지]나 [PDF 파일]을 불러올 수 있습니다. 3️⃣ 현재 [PDF 파일 가져오기]는 월 3회까지 무료입니다.

4) 텍스트 인식하기와 다양한 메뉴

 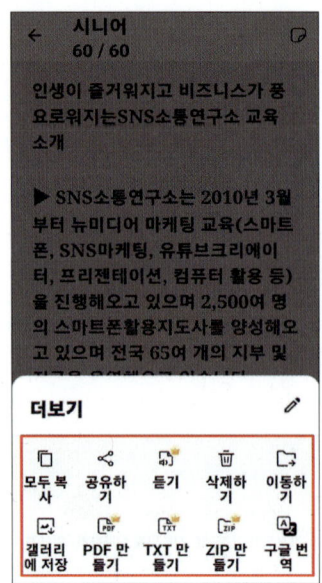 

① 스캔한 문서 이미지 위에 나타나는 [텍스트 인식하기]를 터치하면 빠르게 문자가 인식됩니다. ② 인식된 텍스트는 [모두 복사]하거나 [공유]하여 사용하면 됩니다. 그 외 [듣기], [PDF 만들기], [ZIP 만들기]를 활용할 수 있는데 현재 이런 서비스는 유료입니다.
③ [구글 번역]도 가능합니다.

5) PDF 파일 가져오기와 텍스트 인식하기

 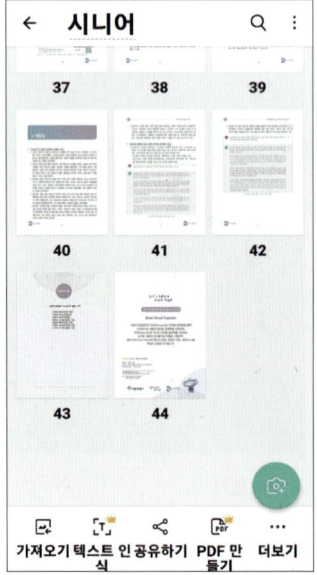 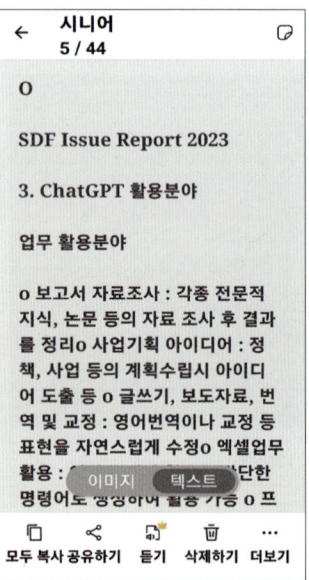

① [가져오기] 메뉴를 터치하면 스마트폰에 있는 [내 파일]로 이동합니다. 가져올 [PDF 파일]을 터치하면 [라이브러리]로 이동합니다. ② 아래쪽 [텍스트 인식]을 터치하면 PDF 내 텍스트가 빠르게 추출됩니다. 추출된 텍스트는 복사하여 사용하거나 공유하여 사용하면 됩니다. 현재는 월 10장까지만 무료입니다. ③ 텍스트 추출 후 [검색] 기능을 활용하여 원하는 내용을 찾기 할 수 있습니다.

6) vFlat scanner의 활용과 주의사항

[vFlat]은 책이나 서류를 깨끗하게 스캔하는데 유용한 앱입니다.
특히 대용량의 [PDF 파일]을 [가져오기]하여 [텍스트]를 빠르게 추출할 수 있다는 것도 커다란 장점입니다.
현재까지 [vFlat]의 스캔 기능은 로그인하지 않고도 무제한 무료로 사용할 수 있습니다. 다만, 저작권이 있는 도서의 경우 스캔하여 본인만 볼 때는 큰 문제가 없으나 이를 타인과 공유하는 것은 저작권법에 위배되니 유의하시기 바랍니다.

[vFlat]의 무료 서비스와 프리미엄 서비스는 다음과 같습니다. (2023년 3월 현재)

★ 무료
0원
- 무제한 스캔
- 두 페이지 촬영, 타이머, 자동 촬영
- 이미지로 저장하기
- PC로 보내기 및 링크 공유하기
- PDF 만들기 및 공유 (월 3회)
- 텍스트 인식 (월 10장)

♛ 프리미엄
4,900원/월 · 49,000원/년
- 무료 플랜의 모든 기능
  ⊕
- PDF 내보내기 (무제한)
- 텍스트 인식 (월 3,000장)
- TXT/ZIP 만들기 및 공유
- PDF 가져오기
- 듣기 (TTS)
- 텍스트 인식 결과 수정 NEW
- 워드로 내보내기 NEW

---

memo

■ 클로바 노트

▶ 네이버에서 만든 AI 기술을 활용한 음성 기록 관리 서비스입니다.
▶ 강의나 회의, 인터뷰 등을 녹음하여 텍스트로 자동 변환할 수 있습니다.
▶ 스마트폰과 PC가 연동되어 스마트폰으로 녹음한 것을 PC에서 바로 볼 수 있습니다.
▶ 메모 기능을 활용해 음성 기록을 보기 쉽게 정리할 수 있습니다.
▶ 중요한 대화를 나누는 순간을 북마크해 두면 음성 기록에서 쉽게 찾아 들을 수 있습니다.
▶ AI가 자동으로 음성 기록을 요약해주고, 요약본은 직접 편집할 수 있습니다.
▶ 검색을 통해 필요한 음성 기록만 찾아서 확인할 수 있습니다.
▶ 대화 참석자의 목소리가 구분되어 정리됩니다.
▶ 한국어, 영어, 일본어, 중국어 인식이 가능합니다.
▶ 공유 링크를 만들어 간편하게 공유할 수 있고 비밀번호가 있어 안전합니다.
▶ 텍스트로 변환할 수 있는 음성 파일의 길이는 한 번에 180분입니다.
▶ 베타 서비스 기간 동안 녹음은 모바일에서 무제한 텍스트 변환이 가능하나 파일 업로드는 제한됩니다.

1) 스마트폰에서 클로바 노트를 사용하는 방법

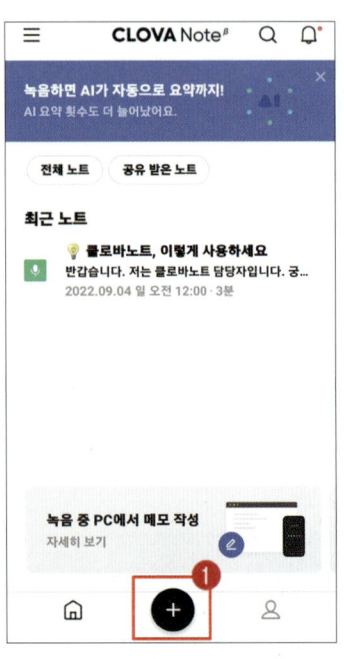 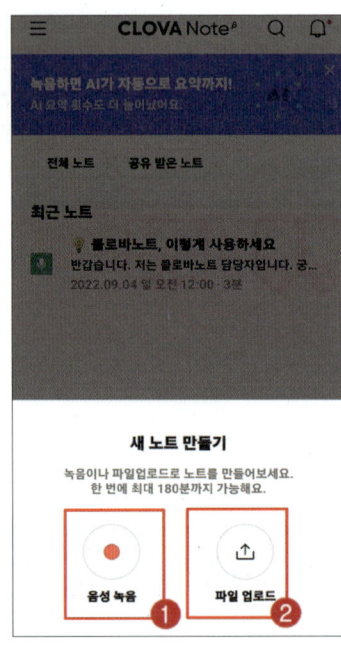 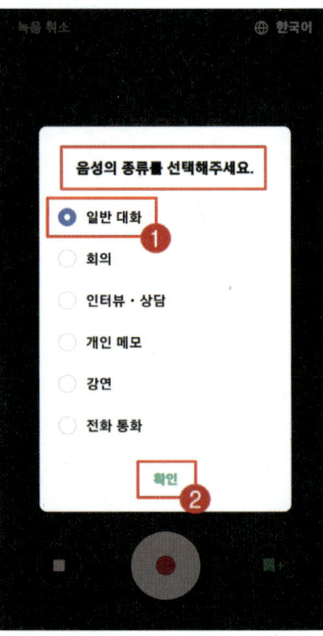

1️⃣ [Play 스토어]에서 클로바 노트 앱을 설치하면 첫 번째 화면이 나타납니다. 클로바 노트는 [네이버 로그인]이 필요합니다. ①번 버튼을 눌러 [새로운 노트]를 만듭니다.
2️⃣ 새 노트는 ① [음성 녹음]을 바로 시작하거나 ② 이미 녹음된 [파일을 업로드]해서 만들어집니다. 3️⃣ 녹음이나 파일 업로드가 끝나면 ① [음성의 종류]를 선택하고 ② [확인]을 터치합니다.

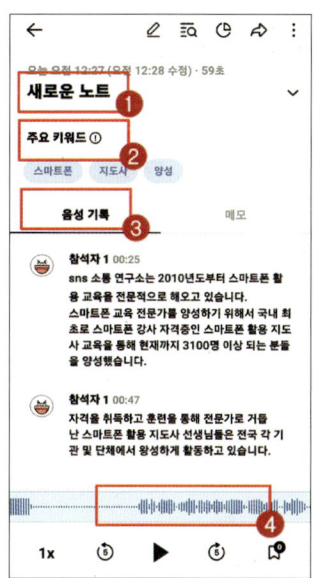 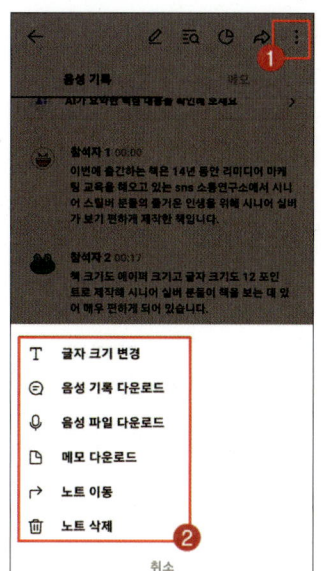 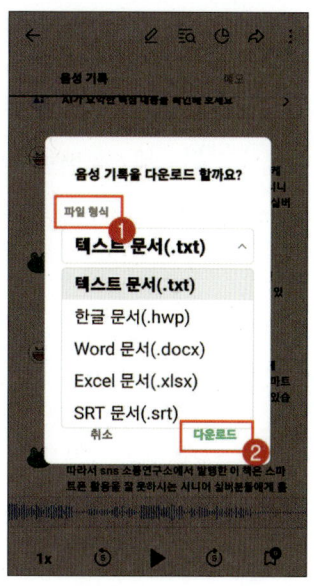

1 ① [새로운 노트]가 생성되었습니다. ② [주요 키워드]도 자동으로 생성됩니다. ③ [음성 기록]이 텍스트로 만들어졌습니다. ④ 아래쪽에 녹음 기록도 만들어져 있습니다. 2 ① 오른쪽 위 3점을 터치하여 [음성 기록(텍스트)]이나 [음성 파일(소리)]을 다운로드 할 수 있습니다. [글자 크기 변경]이나 [메모 다운로드]도 여기서 할 수 있습니다. 3 음성 기록을 다운로드 할 때 편리한 ① [파일 형식]을 선택하고 ② [다운로드]합니다.

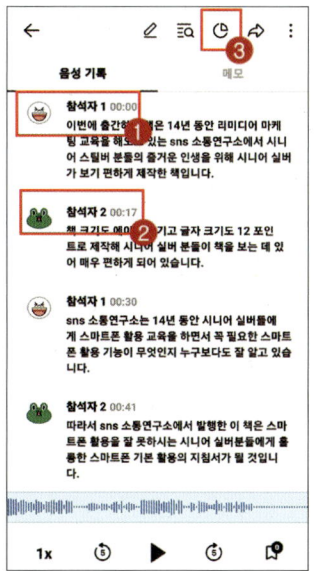 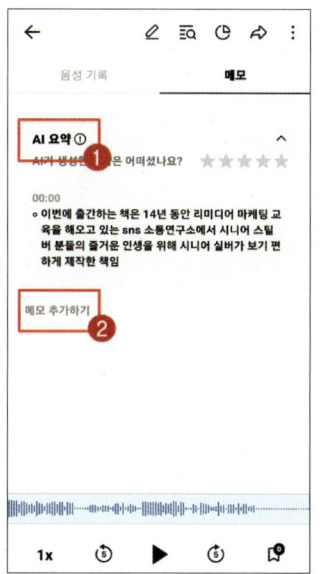 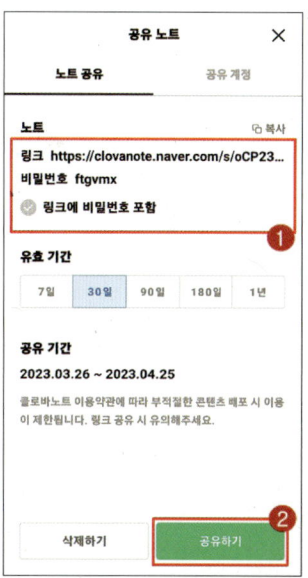

1 녹음에 참여한 사람이 여러 사람일 경우 자동으로 ① [참석자 1], ② [참석자 2] 등으로 구분되어 저장됩니다. ③ 참석자들의 [대화 점유율]을 살펴볼 수 있습니다. 2 ① [AI 요약]은 녹음 내용을 AI가 자동으로 요약해주는 기능입니다. AI 요약은 최대 15회까지 가능하고, 횟수는 매달 사용 시간과 함께 갱신됩니다. ② 녹음 내용에 대한 [메모]를 추가할 수 있습니다.

3 노트는 팀원이나 관계자들과 [공유]할 수 있습니다. ① [공유 주소]가 자동 생성되며 링크에 비밀번호 포함 여부를 선택할 수 있습니다. 공유 유효기간은 7일부터 1년까지 선택 가능합니다. ② [공유하기]를 터치하여 실행합니다.

2) PC에서 클로바 노트를 사용하는 방법

▶ 네이버에 로그인한 후 [클로바 노트]를 검색하여 들어오면 화면이 나타납니다.
① [새 노트 만들기]를 클릭하면 ② 새로운 노트 만들기 창이 열립니다.
③ 하단의 [파일 첨부]를 클릭하여 녹음파일을 첨부하면 텍스트로 변환된 새로운 노트가 완성됩니다.

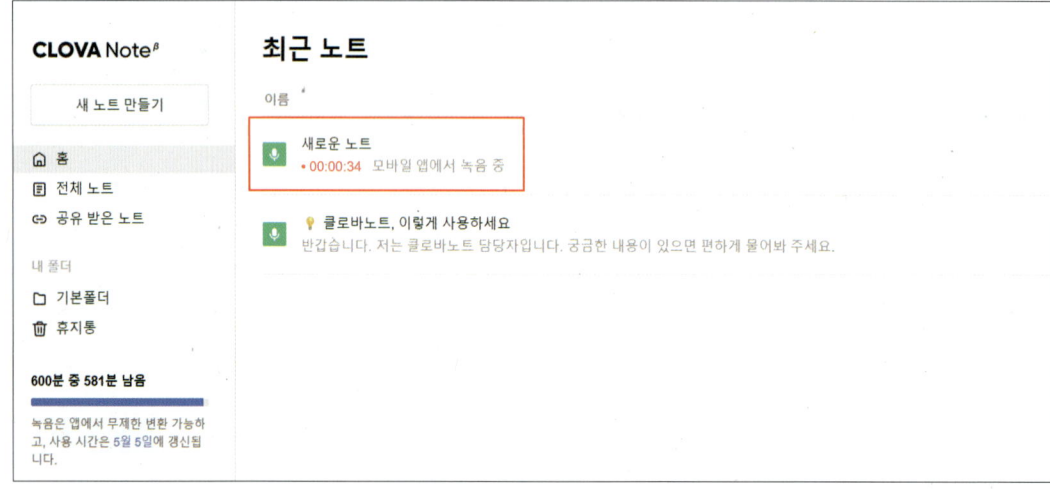

▶ 스마트폰과 PC가 네이버의 같은 아이디로 로그인이 되어있을 경우 [자동으로 연동]되어 스마트폰에서 녹음되는 기록이 PC에도 나타납니다. 동시에 두 개의 기기를 이용하여 편리하게 작업할 수 있습니다.

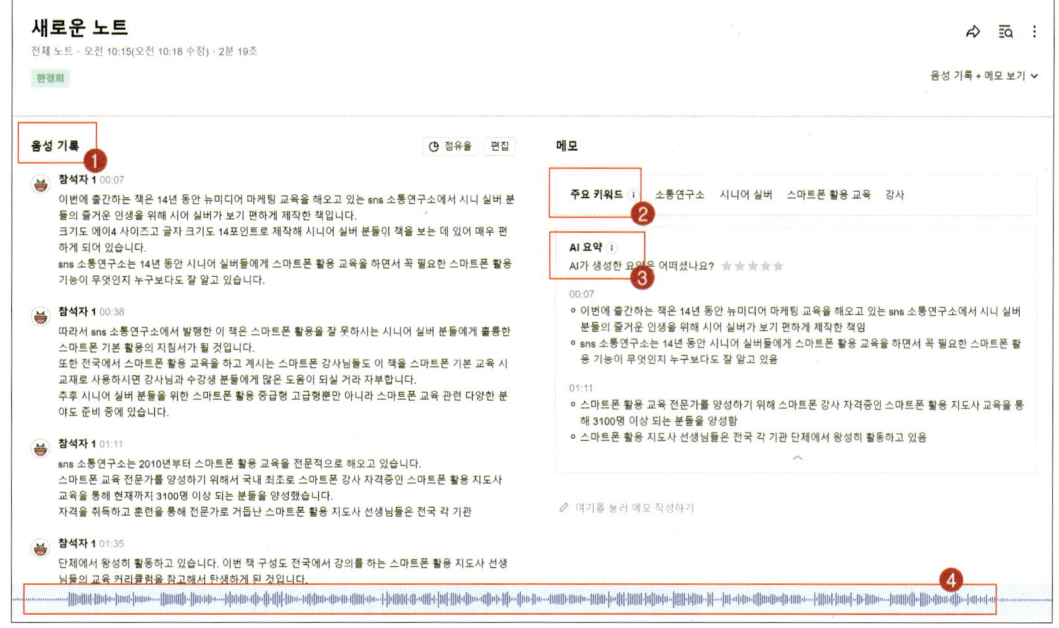

▶ 새로운 노트가 완성된 화면입니다. ① [음성 기록]이 텍스트로 변환되었습니다.
녹음에 참여한 사람이 더 있을 경우 참석자 1, 참석자 2 등으로 구분되어 정리됩니다.
② 자동으로 [주요 키워드]가 생성됩니다. 키워드를 활용하여 내용 검색을 할 수 있습니다.
③ [AI 요약]이 자동 생성되어 있습니다. 대화 내용을 간략하게 살펴볼 수 있어 매우 편리합니다. ④ 음성이 기록되어 있습니다.

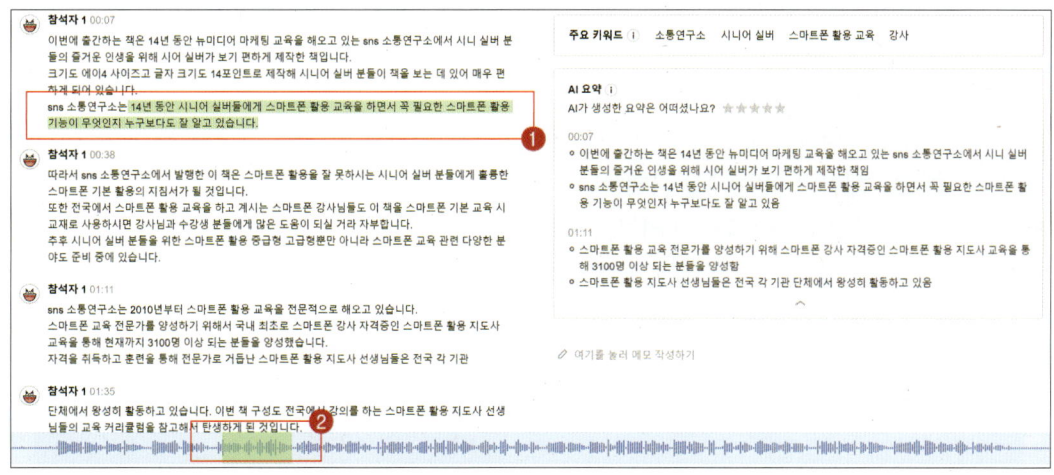

▶ ① 중요한 부분을 다시 듣고 싶을 때는 텍스트의 관련 부분을 클릭하여 [하이라이트]를 하면 ② 관련 구간이 표시되어 쉽게 그 구간만 들어볼 수 있습니다.

■ 모바일팩스

SK브로드밴드에서 무료로 운영하는 스마트폰용 팩스 앱입니다.
▶ 사업상 또는 관공서에서 팩스를 보내달라고 할 때 사용하세요.
▶ 팩스를 받아야 하는데 받을 곳이 없을 때 유용합니다.
▶ 세계 10개국에 팩스를 보낼 수 있습니다.
▶ 간편한 가입 절차로 개인 팩스번호가 생성됩니다.
▶ 문서와 이미지를 스마트폰으로 촬영하여 보내면 됩니다.

1) 모바일팩스 가입

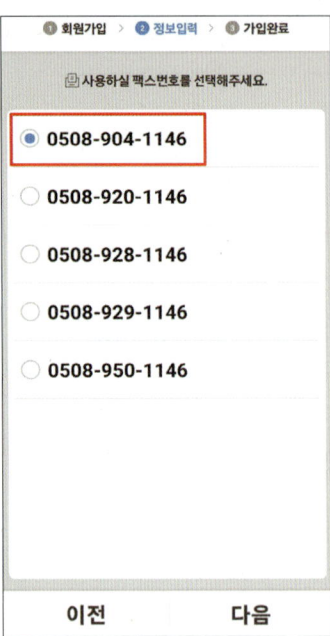 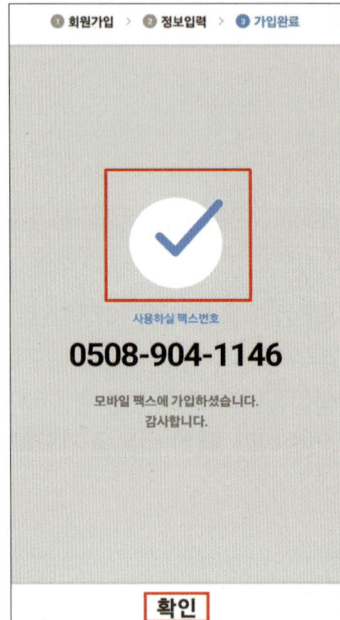 

① [Play 스토어]에서 모바일팩스 앱을 설치한 후 접근권한을 허용하고 SK브로드밴드 이용약관에 동의한 후 [개인팩스번호]를 선택합니다.
② 가입이 완료되었습니다. [확인] 버튼을 터치하세요.
③ 팩스 발송창 모습입니다. 위쪽에 발송내역과 수신내역 등 메뉴가 있습니다
자신의 번호는 위쪽 메뉴 가운데 [이벤트 & 생활혜택]을 터치하면 나타납니다.

memo

2) 팩스발송

 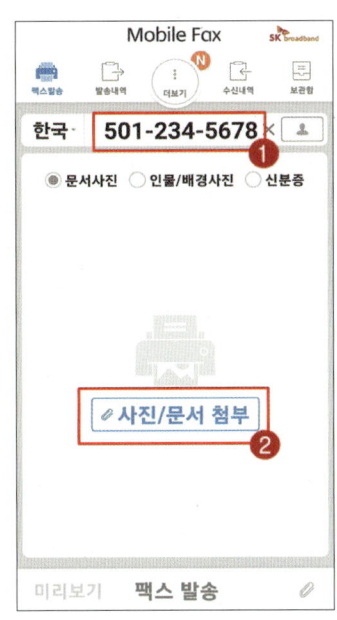 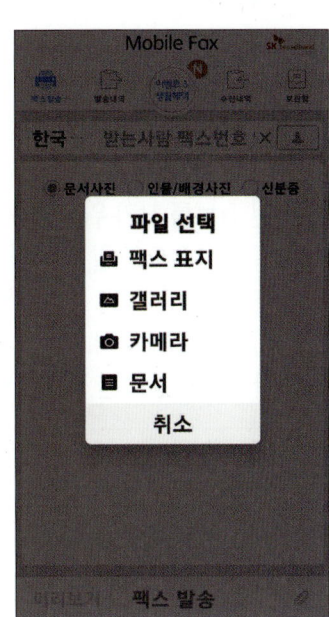

1️⃣ [모바일팩스]는 10개국에 보낼 수 있습니다. 팩스를 보낼 [국가 선택]을 하세요.
2️⃣ ① [팩스 수신번호]를 입력합니다. ② 발송할 [사진/문서]를 터치합니다.
3️⃣ [파일 선택]하여 불러옵니다.

 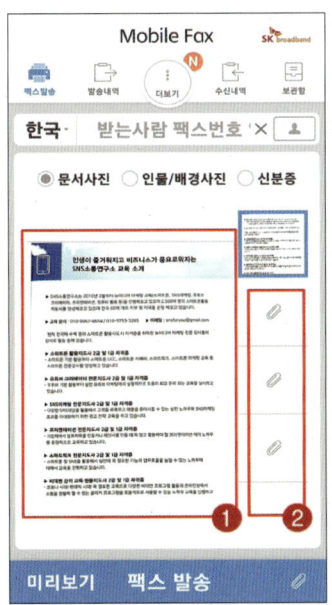 

1️⃣ [팩스 표지]가 필요한 경우 선택하여 입력하면 됩니다. 2️⃣ ① 보낼 문서를 첨부합니다. ② 페이지가 많은 경우 [클립]을 터치하여 계속하여 선택하면 됩니다. 보낼 서류를 다 선택한 후 왼쪽 아래 [미리보기]를 터치하여 확인하세요. 3️⃣ ①을 터치하여 [부가기능]을 선택하면 편리합니다.

[모바일팩스]는 팩스를 보낼 수 있을 뿐만 아니라 받을 수도 있습니다. 상대방이 [개인팩스번호]로 문서를 보내면 [수신내역]에서 확인 후 내려 받기 하면 됩니다.

팩스발송은 스마트폰의 MMS(대용량문자서비스) 요금제를 이용합니다.

구글 알리미

▶ 구글 알리미는 Google 검색을 기반으로 웹, 블로그, 뉴스, 동영상, 도서 등 다양한 출처의 자료를 바탕으로 필터링된 결과를 내 이메일로 전송받는 무료 서비스입니다.
▶ 관심 분야의 새로운 콘텐츠를 내 메일로 받아볼 수 있습니다.
▶ 키워드 입력만으로 쉽게 콘텐츠를 설정할 수 있습니다.
▶ 최신 정보를 찾기 위해 자주 검색해야 하는 수고와 시간을 절약할 수 있습니다.
▶ 매일 반복적으로 같은 주제의 정보를 찾아야 하는 사람들에게 편리합니다.
▶ 비즈니스와 관련된 검색어를 설정해서 매일 메일을 받으면 중요한 정보를 놓치는 위험을 방지할 수 있습니다.
▶ 구글 알리미는 최신 정보가 필요한 전문가들이라면 꼭 설치해서 활용해야 할 필수 서비스입니다.

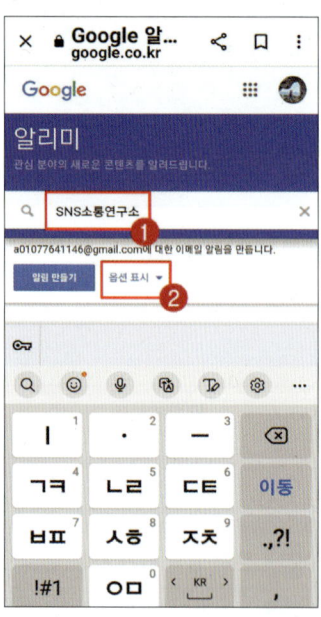  

1 [Google 검색창]에 [구글 알리미]를 검색하여 터치하면 첫 화면이 열립니다. ① 정보를 이메일로 받기 위해서는 먼저 받고 싶은 정보의 [검색어]를 검색창에 입력합니다. ② 검색어에 대한 옵션을 설정하기 위해 [옵션 표시]를 터치합니다. **2** 옵션은 5개 항목입니다. ① [수신 빈도]는 하루에 한 번 이하 또는 일주일에 한 번으로 설정할 수 있습니다. ② [출처]는 자동으로 지정할 수 있고, 뉴스, 블로그, 웹, 비디오, 도서, 토론, 금융 분야에서 필요한 출처를 지정할 수 있습니다. ③ [언어] 다양한 언어의 정보를 검색할 수 있습니다. ④ 정보 출처의 [지역]을 지정할 수 있습니다. 특정 지역 정보가 필요할 경우 이 부분에서 설정하면 됩니다. ⑤ 정보의 [개수]는 가장 우수한 검색 결과만 받을 수도 있고 모든 결과를 다 받을 수 있습니다. ⑥ 옵션 지정이 끝나면 [알림 만들기]를 터치하면 됩니다. **3** ① [내 알림]에 5개의 검색어가 설정되었습니다. 검색어는 필요한 만큼 만들 수 있습니다. ② 검색어에 대한 [옵션 변경]을 하고 싶을 땐 [연필 모양]을 터치하여 바꾸면 됩니다. 검색어가 필요 없을 땐 [휴지통]을 터치하면 됩니다. ③ 검색어 설정과 옵션 지정이 다 끝나면 [설정]을 터치하여 전송시간과 수신 빈도, 수신 위치를 지정합니다. [전송 시간]에서 하루 중 메일을 받고 싶은 시간을 설정하면 됩니다. [수신 빈도]는 하루에 한 번 또는 일주일에 한 번으로 지정할 수 있습니다.

▶ [구글 알리미]에서 설정된 정보는 위와 같이 [Google Alerts] 이름으로 지정해 둔 이메일로 정해진 시간에 들어옵니다. 전달된 정보는 열어서 검토해 본 후 필요에 따라 활용하면 됩니다.

▶ [구글 알리미]는 손쉽게 필요한 정보를 취득하는 방법입니다. 이용 방법이 매우 간단하니 지속적으로 찾아야 할 정보가 있을 땐 [구글 알리미]를 설정하여 활용하시기 바랍니다.

■ 구글링

▶ 구글링이란 인터넷 검색엔진인 구글을 이용해서 정보를 검색하는 것을 말합니다.
▶ 구글링을 통해 인터넷상에 있는 다양한 정보들을 빠르게 찾아볼 수 있습니다.
▶ 구글링을 할 때는 검색어를 잘 선택하고, 목적에 맞게 검색 결과를 분석해야 합니다
▶ 원하는 자료를 더 정확하게 찾아내기 위해서는 검색어를 조합하여 사용하는 것이 좋습니다.

1) [검색어 and 검색어] : 검색하고자 하는 키워드와 키워드 사이에 [and]를 사용하여 검색하면 두 검색어가 포함된 결과를 검색할 수 있습니다.

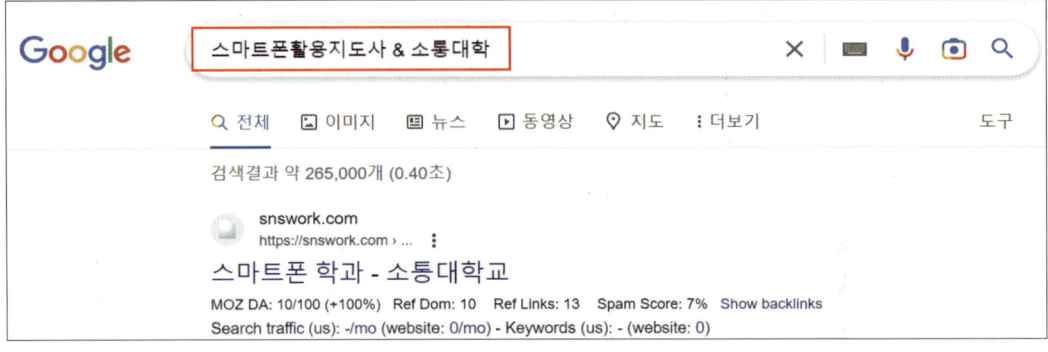

2) [검색어 or 검색어] : 검색하고자 하는 키워드와 키워드 사이에 [or]를 사용하여 검색하면 두 키워드 중에 하나라도 충족되는 자료를 찾을 수 있습니다.

3) ["검색어"] : 정확히 일치하는 검색 결과를 얻기 위해서는 검색어를 [큰따옴표] 안에 넣습니다.

4) [검색어 filetype : pdf] : 확장자 파일만 찾고 싶다면 파일타입을 넣어서 검색하면 됩니다. 파일타입에 ppt, doc, hwp 등 확장자를 사용하면 원하는 형태의 자료를 찾을 수 있습니다.

5) [검색어 기간..기간] : 원하는 자료의 특정 기간 대의 결과를 찾고 싶다면 마침표 두 개를 이용하여 검색하면 됩니다.

6) [site : youtube.com] : 특정 사이트를 검색하기 위해서는 [site : youtube.com]과 같이 사이트명을 넣어서 검색하면 됩니다.

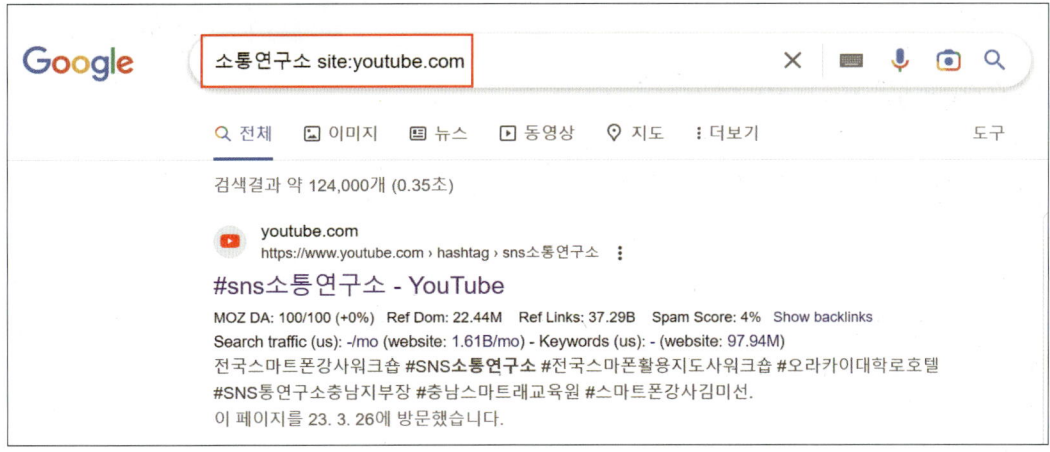

■ 자료 전송하기(웜홀 제대로 활용하기)

▶ 10GB까지의 대용량 파일을 PC와 PC 또는 PC와 스마트폰 간에 간단하게 주고받을 수 있습니다.
▶ 앱 설치 없이 사용합니다. (Play 스토어에 있는 앱이 아닙니다.)
▶ 회원가입이나 로그인이 필요하지 않습니다.
▶ 암호화 시스템을 사용하여 안전하게 파일을 주고받을 수 있습니다.
▶ 안드로이드, 아이폰, 윈도우, 맥 구분 없이 자유롭게 전송할 수 있습니다.
▶ 전송속도가 상당히 빠릅니다.
▶ 파일 공유방법은 링크 복사하기, 공유하기, QR코드 방법이 있습니다.
▶ 파일 다운로드 시간(24시간 내) 다운로드 횟수(100회까지)를 설정할 수 있습니다.
▶ 광고가 없습니다.

1) 모바일에서 wormhole 이용하여 파일 전송하는 방법

 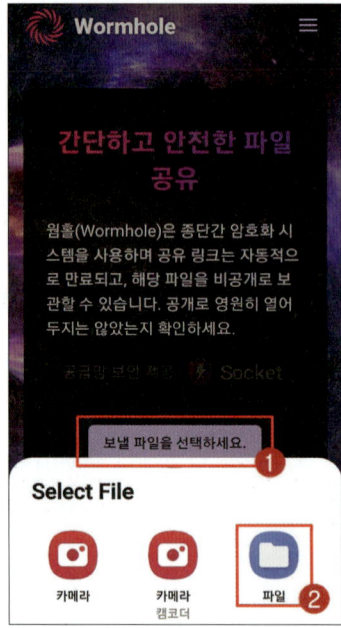 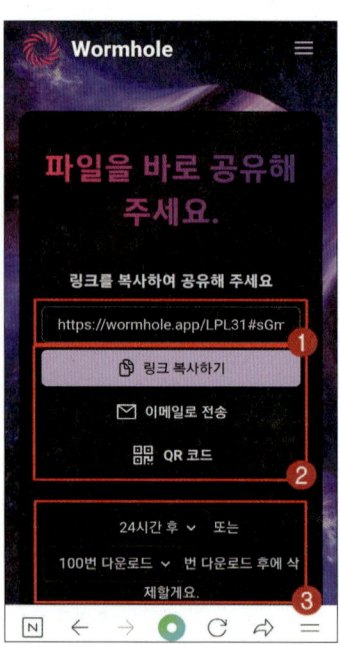

❶ 네이버에서 ① [웜홀 홈페이지] 또는 [wormhole.app]을 검색하여 ② 웜홀 사이트로 들어갑니다. ❷ 첫 화면에는 웜홀 사이트의 간단한 소개가 있고, 그 아래에 ① [보낼 파일을 선택하기]가 있습니다. ② [파일]을 터치하여 전송할 자료나 영상을 선택합니다. ❸ 선택과 동시에 전송하는 파일의 ① [링크 주소]가 나타납니다. 그 아래에 세 가지 전송 방법이 있습니다. ② [링크 복사하기], [이메일 전송], [QR 코드] 중 편리한 하나의 공유방법을 선택합니다. ③ 전송한 파일을 몇 시간 후에 삭제하게 할 것인지와 몇 번 다운로드 후 삭제할지를 선택합니다. 선택하지 않을 경우 24시간 후, 100번 다운로드 후에 삭제됩니다.

2) 모바일에서 파일 전송 받는 방법

 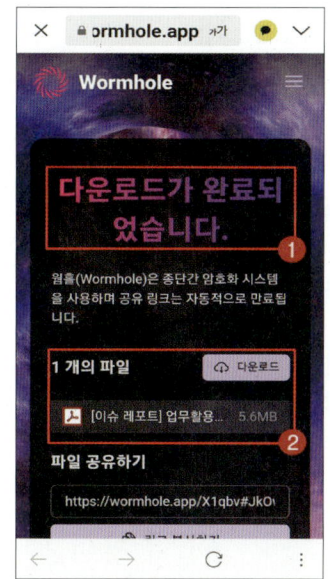 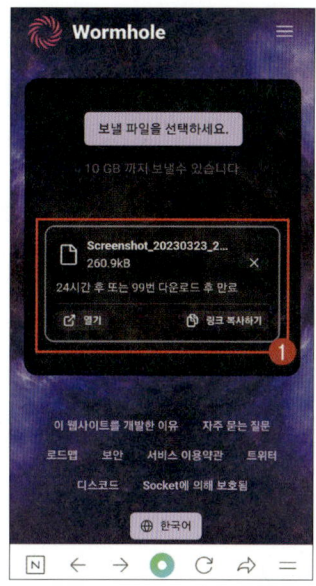

1 카톡으로 파일 ① [공유 링크]를 받으면 주소를 터치합니다. **2** 터치하면 바로 웜홀 사이트로 이동되며 공유된 파일이 표시됩니다. ② [다운로드]를 터치하여 자료를 받습니다. **3** [다운로드]가 끝나면 ① 파일명이 나타납니다. 핸드폰의 [내 파일함]에서 자료를 확인 후 사용하면 됩니다.

3) PC에서 wormhole 사용하는 방법

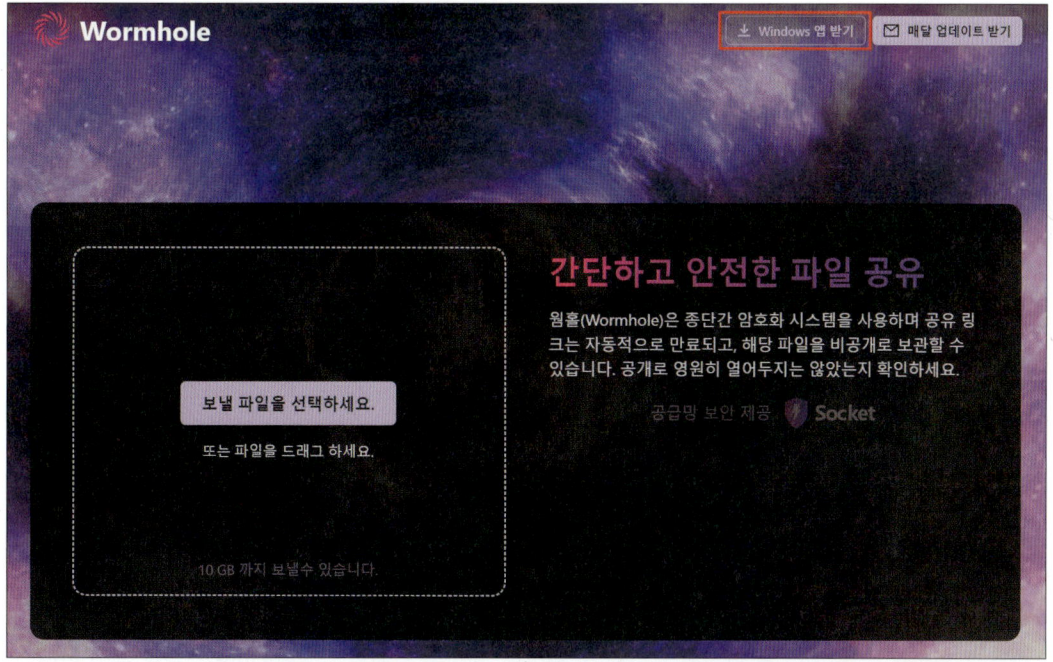

▶ 모바일에서와 마찬가지로 PC 네이버 검색창에 [웜홀 홈페이지] 또는 [wormhole.app]을 검색하여 웜홀 사이트로 들어갑니다. 파일전송과 다운로드 과정은 모바일에서와 동일합니다. PC에서는 오른쪽 상단에 있는 [window 앱 받기]를 클릭하면 바탕화면에 바로가기 아이콘이 생성되어 편리합니다.

10 유용한 사이트 소개

[스마트쉼센터]
▶ 인터넷, 스마트폰 과의존으로 어려움을 겪고 있는 사람들을 위해 과의존 진단을 받을 수 있으며 상담이 필요한 경우 온라인 상담 및 센터내방상담, 가정방문상담으로 도움을 주는 센터입니다.
▶ 기관에서 예방교육을 신청할 수 있으며 자료실에서 콘텐츠 교육자료, 상담 사례를 참고할 수 있습니다.
▶ 스마트폰 과의존 상담 전문인력을 양성하고 전국에 18개 스마트쉼센터가 운영되고 있습니다.

[스마트초이스]
▶ 통신서비스 이용자에게 통신요금, 통신서비스 관련 정보를 알기 쉽고 체계적으로 제공하기 위해 한국 통신사업자 연합회에서 운영하는 통신요금 정보포털 사이트입니다.
▶ 이동전화 요금제 추천과 요금 할인 단말기 지원금 조회, 분실·도난 단말기 조회, 통신 미환급금 조회 등을 확인할 수 있으며 eSIM이 탑재된 스마트폰도 가입, 해지, 번호이동이 가능합니다.

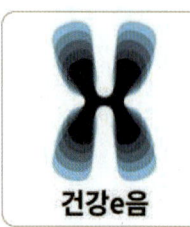

[건강보험심사평가원]
▶ 건강보험심사평가원은 국민의료평가기관으로서 진료비 심사와 요양급여 적정성 평가업무를 통해 국민들이 질 좋은 의료서비스를 받고 의료공급자는 견실하게 성장할 수 있도록 도움을 주는 기관입니다.
▶ [내가 먹는 약! 한눈에]에서는 최근 1년간의 의약품 투약내역 및 개인별 의약품 알러지·부작용 정보 등을 확인할 수 있습니다.
▶ 비급여 진료비 정보, 비급여 확인 서비스, 지도 기반으로 병원, 약국 찾기, 내 진료정보 열람 서비스를 이용할 수 있으며 병원 평가 정보로 진료기관을 비교해 볼 수 있습니다. 의약품 정보에 대해서도 검색할 수 있습니다.

[경찰청 사이버캅]
▶ 검색창에 전화번호(계좌번호, 이메일)를 입력하여 상대방이 사이버사기로 경찰에 신고되어 있는지 확인할 수 있습니다. (최근 3개월동안 3회 이상 신고)
▶ 안전거래 결제 전 사이트, 계좌를 확인할 수 있고 피해 경보를 통해 최근 이슈 내용을 확인하고 신종 범죄 예방에 대한 정보를 제공합니다.
▶ 사이버 범죄 신고(상담)이 가능하며 예방교육신청을 하여 교육을 받을 수도 있습니다.

[시티즌 코난]
▶ 스마트폰의 보이스피싱에 악용되는 악성앱을 탐지하기 위한 악성앱 순간 탐지기로 경찰대학 치안정책연구소와 ㈜인피니그루에서 개발하고 공동 운영하고 있습니다.
▶ 전화 가로채기앱, 금융기관 사칭앱, 경찰/검찰 등의 공공기관 사칭앱, 의료 사칭앱, 택배/쇼핑 사칭앱, 몸캠 악성앱 등을 실시간으로 탐지 가능하며 미설치된 악성파일(.apk/ .zip)의 탐지 및 삭제도 가능합니다.

[더치트]
▶ 금융사기, 스팸 연락처(Caller ID)에 대한 사기 행위와 판매자의 연락처, 계좌정보, 아이디 등을 검색하여 피해를 방지할 수 있습니다.
▶ 사기 피해 예방 방법, 검거 소식, 사건 사진자료, 사기/스팸 피해사례 목록 등의 자료를 확인하여 예방할 수 있습니다.
▶ 피해 사례를 직접 등록, 삭제할 수 있으며 타인의 피해사례를 삭제 요청도 가능합니다. 사기피해 대응방법에 대한 정보가 자세히 나와 있으며 상담도 할 수 있습니다.

[도구 상자]
▶ 스마트폰에서 사용할 수 있는 디지털 통합 도구 상자로 각각의 앱을 설치하지 않아도 도구를 간편하게 이용할 수 있는 앱입니다.
▶ 측정 도구에는 나침반, 수평계, 길이 측정기, 심박 측정기, 데시벨 측정기가 있으며, 유용한 도구에는 단위환산기, 손전등, 계산기, 룰렛, 튜너 등의 도구가 있습니다. 시간 도구에서는 스톱워치, 타이머, 메트로놈이 있습니다.

[등산시계]
▶ 등산시계(Mountain Watch) 앱은 산악용 시계를 본떠서 만들어진 앱이며 화면 상단에 날씨와 온도, 습도, 풍속, 일몰 / 일출시간을 표시합니다.
▶ 가운데 코어 부분에서 현재 시간 / 나침반 / 기압-고도 / 속도 정보를 표시합니다. 코어 아랫부분에 지역명과 달의 형상을 구현한 문페이즈가 표시됩니다.

[모두의 신문]
▶ 경제, 스포츠, 커뮤니티, 날씨, 환율 등의 정보를 간편하게 연결하는 모음 앱입니다.
▶ 국내의 모든 신문사 사이트를 연결하고 네이버, 다음 사이트로 연동이 됩니다. 방송포털에서 각 방송국의 포털 사이트로 연결이 되고 전문 정보별로 구분하여 볼 수 있고 해외, 지방의 뉴스도 볼 수 있습니다. 날씨, 주가도 바로 확인할 수 있는 사이트로 연결이 됩니다.

[모두의 라디오]
▶ 주파수 변경 없이 전 세계에서 한국 라디오를 별도의 방송국 앱 설치 없이 청취할 수 있습니다.
▶ 각 방송사의 지방 주파수로 바로 연결하여 청취할 수 있고 즐겨찾기를 할 수 있어 나만의 라디오 목록을 만들 수가 있고 종료 예약 시간 설정이 최대 45분까지 가능합니다.

■ 부동산 관련 앱

[스마트 국토정보]
▶ 부동산 정보 검색에서는 토지 및 건물에 대한 정보를 제공하며, 현재 지도 위치를 기반으로 주택 관련 실거래가 정보를 함께 제공합니다.
▶ 연속지적도, 최신 항공사진, 영문지도, 바로 e맵 인터넷 배경지도를 제공하고 도로명 / 지번, 주소, 건물명 등으로 장소찾기가 가능하며 일필지 정보, 국토이용분석, 실거래가, 국토통계 정보를 제공합니다.

[한국부동산원 부동산 정보 - 부동산시세, 전세, 아파트실거래가]
▶ 한국부동산원에서 제공하는 부동산 시장 정보를 하나의 앱으로 조회 가능한 앱으로 거래에 필요한 매매·전세 시세정보, 나에게 맞는 매물·분양정보, 아파트 관리비, 거래절차, 세금계산 등 부동산 정보를 제공합니다.
▶ 부동산 시장동향 조회를 할 수 있고 즐겨찾기 기능을 제공하여 한눈에 정보 조회가 가능하며 지도기반 검색으로 모든 주거용 부동산을 한눈에 살펴볼 수 있습니다.

[네이버 부동산]
▶ 전국의 부동산이 다 모여 있는 곳으로 매물과 시세를 한꺼번에 볼 수 있습니다. 내가 찾는 매물에 맞게 검색하여 조회할 수 있고 현장 매물을 360VR로 확인할 수 있습니다. 각종 개발 호재를 확인할 수 있는 데이터를 제공합니다.
▶ 초등학교 통학구역 및 배정 단지 / 매물 찾기가 가능하며 마트, 병원 등 주변의 편의 시설을 쉽게 찾을 수 있습니다. 관심지역, 관심단지, 관심매물만 쉽게 모아 볼 수 있는 MY 부동산 서비스가 제공되며 '매물 알림' 기능 설정이 가능합니다.

[아파트 실거래가(아실) - 부동산]
▶ 아파트를 거래할 때 실거래가를 확인할 수 있는 앱으로 아파트에 실제 거주한 사람들의 솔직한 후기로 많은 정보를 알 수 있습니다.
▶ 학군(초등학교, 중학교, 고등학교)을 비교할 수 있으며 아파트의 인기도와 단지별로 비교하는 정보를 제공하고 있습니다.
▶ 아파트 가격을 차트로 비교 가능하고 실거주가 아닌 투자자들의 거래 현황도 확인이 가능합니다. 분양아파트 분양가 주변 아파트 시세를 비교할 수 있으며 지역별로 개발 정보를 지도에서 확인 가능합니다.

[밸류맵 - 토지·건물 거래 필수 앱]
▶ 토지와 건물 거래 시 정확한 데이터와 최신기술로 실거래 업데이트가 빠릅니다. 투어링으로 관심 지역 매물을 쉽게 검색할 수 있으며 해당 지번으로 최근 3~5년 정도의 실거래가를 확인할 수 있습니다.
▶ 소유주 매물을 직접 등록하거나 매수자로 등록하고 맞춤 혜택을 받아 볼 수 있습니다. 매물을 거래한 중개사도 확인 가능합니다.
▶ AI 가설계 기능으로 10초 만에 건물을 미리 지어 예상 면적, 주차대수, 도면, 일조량까지 한 번에 확인할 수 있습니다.

[경매알리미 - 아파트, 부동산 경매]
▶ 누구나 쉽고 간편하게 대법원 경매를 할 수 있도록 만든 앱으로 빅데이터 분석 등을 통해 안전하게 경매를 할 수 있고 내 조건에 맞는 새로운 경매가 등록될 때마다, 가장 빠르게 알림 기능으로 정보를 제공합니다.
▶ 전국 58개 법원 부동산경매 정보를 실시간으로 제공하며 경매 물건에 대한 여러 분석과 상세보기(위치, 지도, 로드뷰)를 할 수 있으며 실시간 낙찰가, 낙찰자명, 응찰수 정보도 제공합니다. 등기부등본 / 등기내역 정보, 전입세대열람 조사 내역, 소유권이전등기비용 견적내기 등 다양한 서비스를 제공하고 있습니다.

■ 사진, 이미지 편집에 유용한 앱

[내 사진을 캐릭터로 - ToonMe]
▶ 자동 인공 지능의 마법을 사용하여 사진을 만화나 벡터 스타일로 만들어 주는 앱으로 신체 전체를 만화로 제작이 가능하며 벡터 초상화 템플릿, 다양한 심플 레이아웃과 디자인으로 쉽게 만화로 바꿀 수 있습니다.
▶ 광고, 워터마크 제거를 원하는 경우 프로 사용자로 전환하거나 30초 광고를 시청하면 제거할 수 있습니다.

[글씨 애니메이션 - 글씨팡팡]
▶ 로고 제작, 사진에 글쓰기, 유튜브 썸네일 등 움직이는 글씨를 추가할 수 있는 최고의 어플입니다.
▶ 마음에 드는 폰트를 추가 가능하며 사진, 움짤, 동영상에 애니메이션 텍스트 효과를 사용할 수 있습니다. 동영상을 GIF로 저장할 수도 있습니다.

[다이내믹한 글씨 애니메이션 - OQ Animated Text]
▶ 다양한 유형의 애니메이션, 텍스트 스타일로 애니메이션 텍스트 비디오를 만들고 제작합니다.
▶ 다중 애니메이션 텍스트 슬라이드 / 레이어를 추가 할 수 있으며 애니메이션 입장 및 퇴장 애니메이션, 속도 조절 기능이 가능한 텍스트 동영상 변환 앱입니다.

[내 사진에 임팩트한 애니메이션 - Vimage]
▶ 다양한 애니메이션 효과와 오버레이, 3D 시차효과, 움직이는 하늘 효과, 카메라 움직임 등을 통해 생동감 있는 모션사진을 만들어 볼 수 있는 앱입니다.
▶ 사운드 이펙트, 음악을 추가할 수 있고 기본적인 사진 편집 툴을 제공합니다. 프로 요금제에 가입하면 광고 및 워터마크를 제거할 수 있고 여러 혜택이 있습니다.

[내 사진에 임팩트한 애니메이션 - Motionleap]
▶ 편집기 사진, 3D 애니메이션 만들기를 위해 만들어진 보정어플 및 애니메이션 만들기 앱입니다. 그림으로 영상만들기, 다양한 스타일리시 효과, 필터 툴에 3D 라이브 필터와 효과를 줄 수 있으며 얼굴 사진을 라이브 포토로 만들어 주기도 합니다. 최근 업데이트로 AI 기능이 추가 되어 Text to Image에서 텍스트를 입력하면 이미지로 변환되며 여러 가지 효과를 적용할 수 있습니다.

 # 네이버 인공지능 자판 활용하면 스마트폰 사용이 더 즐거워진다

■ 네이버 스마트보드

 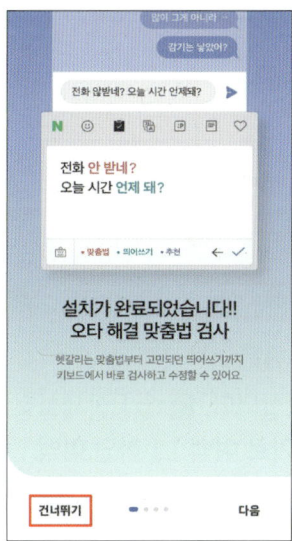 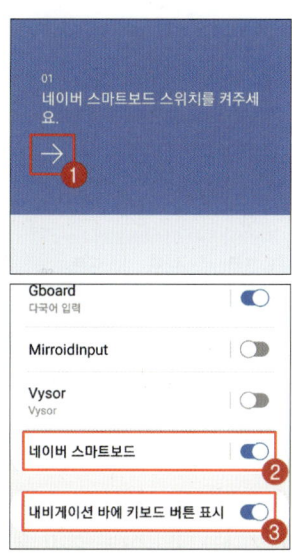

1️⃣ 구글 플레이 스토어에서 [네이버 스마트보드]를 검색하여 [설치]하고 [열기]를 합니다.
2️⃣ 첫 화면에서 [건너뛰기]를 터치합니다. 3️⃣ ① [01] 화살표를 터치하고 ② [네이버 스마트보드]를 활성화하고 안내에 따라 [확인]을 2번 터치합니다. ③ [내비게이션 바에 키보드 버튼 표시]도 활성화합니다.

1️⃣ ① [02] 화살표를 터치하고 ② [네이버 스마트보드]를 선택하고 ③ [키보드 버튼 표시]를 활성화합니다. 기존 키보드와 번갈아서 사용이 가능합니다. 2️⃣ [03] 화살표를 터치합니다.
3️⃣ ① 상단 메뉴 중 [기본설정]의 ② [키보드 입력방식 + 언어추가]를 터치합니다. ③ [한국어]를 터치합니다.

■1 평소에 사용하는 키보드를 선택합니다. ■2 ① [상세설정]의 ② [키보드 키 옵션] 설정을 변경할 수 있고 ③ [키보드 높이], [가로 여백], [하단 여백]을 사용자에 맞게 설정합니다.
④ [키보드 사운드] 소리를 ON, OFF 할 수 있습니다. ■3 메뉴 하단의 [앱공지, 날씨, 뉴스 자동 보기]는 OFF하는 것이 좋습니다.

■1 ① [테마] 메뉴에서 키보드 테마를 바꾸고 꾸밀 수 있는데 [MY 테마]에서는 [나만의 키보드 디자인]을 만들 수 있습니다. ② [더보기]를 터치합니다. ■2 ① [사용자 테마]의 [+]를 터치하면 ② [내 사진]에서 내 갤러리의 사진을 선택하거나 [스마트보드 갤러리]에서 제공하는 멋진 사진으로 키보드 디자인을 꾸밀 수 있습니다. ■3 [사진]을 선택하여 [위치]를 정하고 [∨]를 터치합니다.

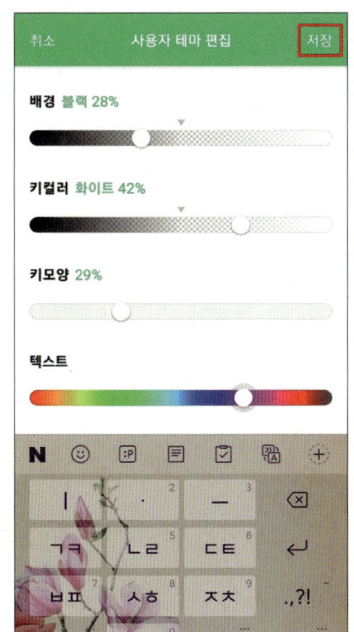 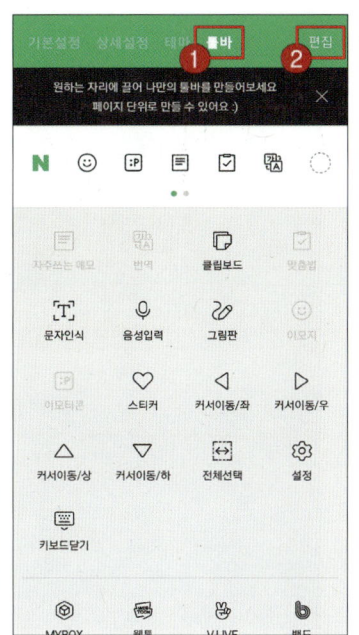 

1️⃣ [배경, 키컬러, 키모양, 텍스트 색] 등을 사진에 맞게 설정하고 [저장]을 터치하여 마무리합니다. 2️⃣ ① [툴바] 메뉴에서 [나만의 툴바]를 설정할 수 있습니다. ② [편집]을 터치합니다.
3️⃣ [X]를 터치하여 밑으로 아이콘을 내리고 사용자가 원하는 순서에 따라 [아이콘]을 끌어다가 [툴바]에 올립니다. 6개씩 3페이지까지 가능합니다. [저장]을 터치하여 마무리합니다.

1) 음성 텍스트 입력

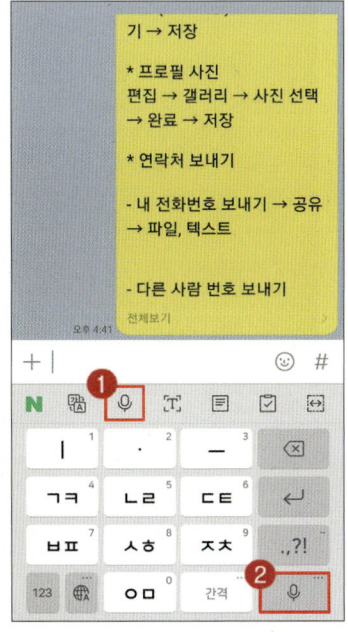 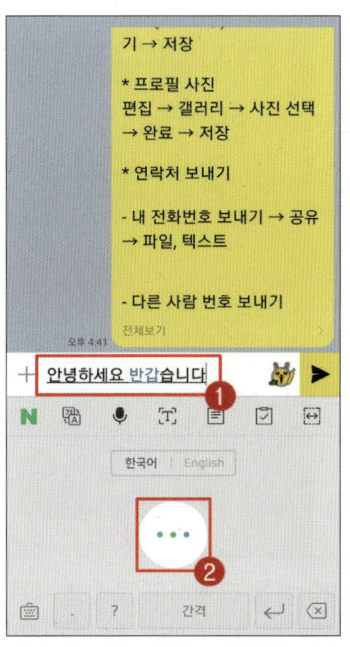 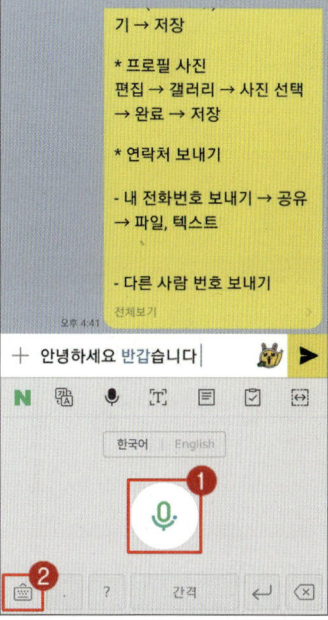

1️⃣ ① [툴바]의 [마이크] 아이콘이나 ② [키보드]의 [마이크] 아이콘을 터치합니다.
2️⃣ ① [음성]입력하면 [텍스트]로 변환되어 대화창에 나타납니다. ② [마이크]가 켜져 있을 때의 모양입니다. 3️⃣ ① [마이크]를 터치하여 중지하면 이 모양으로 아이콘이 바뀝니다.
② [키보드]로 돌아가서 수정, 추가할 수 있습니다.

2) 실시간 번역으로 대화하기

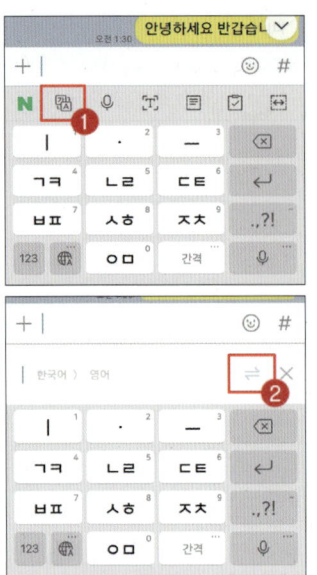
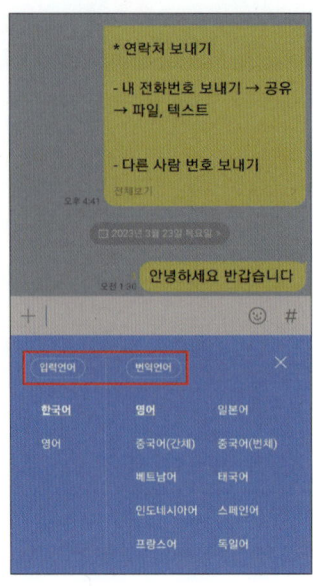
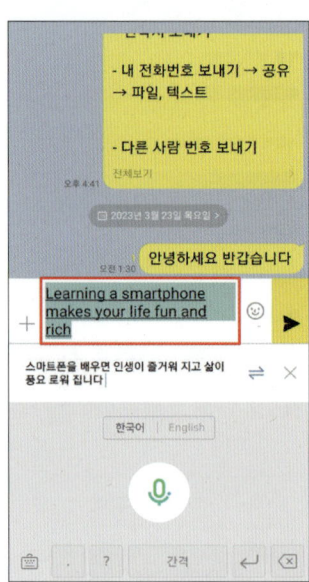

1 ① [툴바]의 [번역] 아이콘을 터치합니다. ② [번역]할 [언어]를 설정할 수 있습니다.
2 현재 [번역언어]는 [12가지]가 가능합니다. **3** [키보드]의 [마이크]를 터치하여 말하면 대화창에 [번역언어]가 바로 입력됩니다. 참고로 [번역] 기능 사용 시 [네이버 스마트보드]는 키보드 마이크 사용이 [동시에] 됩니다. [삼성 키보드]는 안되지만 [번역언어]는 훨씬 많습니다.

3) 텍스트 스캔

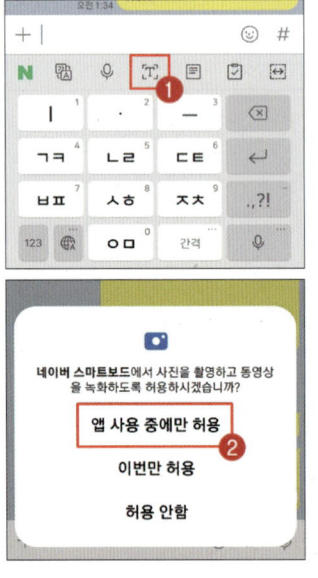

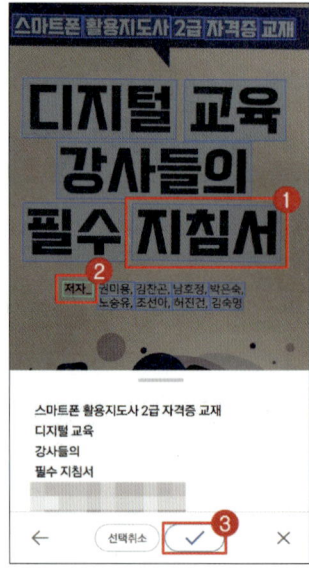

1 ① [툴바]의 [텍스트 스캔] 아이콘을 터치하고 ② [앱 사용 중에만 허용]을 터치합니다.
2 ① [카메라] 아이콘을 터치하여 [촬영]을 바로 할 수도 있고 ② 내 [갤러리]에서 이미지를 스캔하여 [텍스트]를 추출할 수 있습니다. **3** ① [파란색 박스]는 텍스트가 추출되어 선택한 상태이고 ② [초록색 박스]는 터치하여 필요 없는 부분만 취소하면 나타납니다. ③ 텍스트 지정이 끝나면 [∨]를 터치하고 입력창을 터치하면 [텍스트]가 보입니다. 수정, 삭제가 가능하며 보내기 합니다.

4) 자주 쓰는 메모, 맞춤법 검사

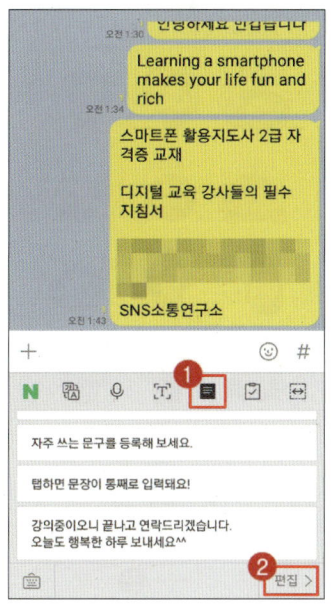 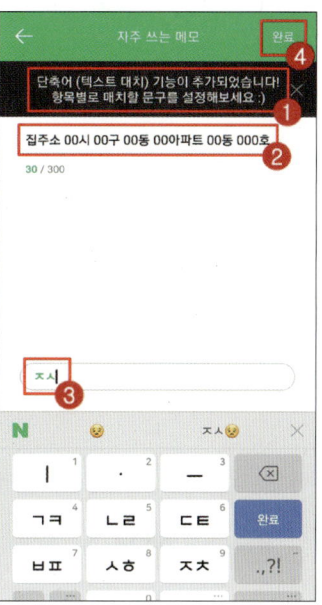 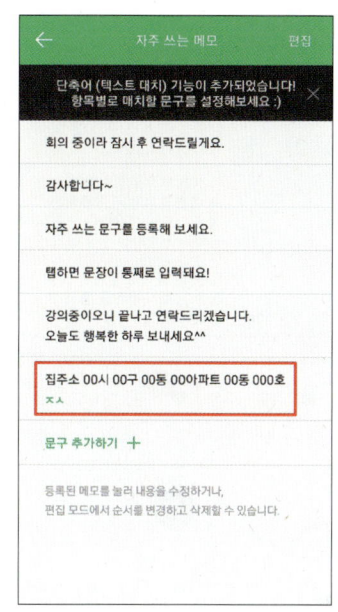

1 ① 툴바에서 [자주 쓰는 메모] 아이콘을 터치합니다. ② 나만의 메모를 [편집]할 수 있습니다. 주로 해시태그, 주소, 계좌번호, 인사말 등을 메모해 놓으면 편리합니다. **2** ① [단축어(텍스트 대치)] 기능이 추가되었습니다. ② 집 주소를 입력합니다. ③ [단축어(텍스트 대치)]를 입력합니다. 단축어를 간단히 입력하면 저장된 문구가 입력이 되는 기능입니다. ④ [완료]를 터치합니다. **3** [자주 쓰는 메모]에 추가 되었고 [단축어]가 아래에 표시되어 있습니다.

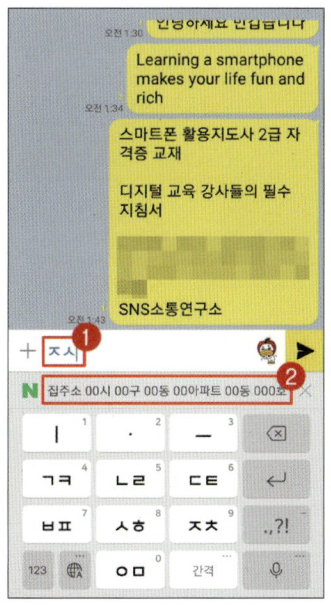 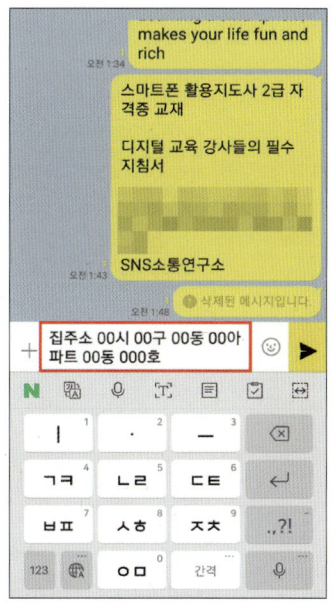 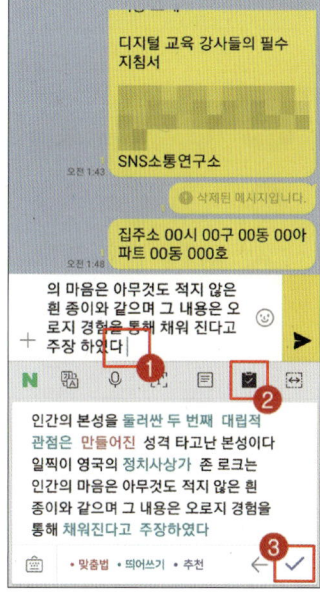

1 ① [대화창]에 [단축어]를 입력합니다. ② [자주 쓰는 메모]가 툴바에 나오면 터치합니다. **2** [대화창]에 주소가 바로 입력이 됩니다. 보내기를 해서 마무리합니다. **3** ① [맞춤법] 검사를 할 문장의 [맨 끝]에 커서를 위치합니다. ② [맞춤법] 아이콘을 터치합니다. ③ [∨]를 터치하면 [맞춤법, 띄어쓰기, 추천]이 바로 나타납니다. [대화창]의 수정된 텍스트를 보내기 합니다.

5) 나만의 스티커 만들기

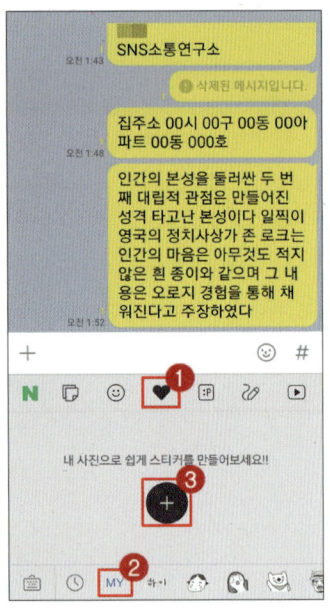

1 ① [스티커] 아이콘을 터치합니다. ② [MY]를 터치하면 [나만의 스티커]를 만들 수 있습니다. ③ [+]를 터치합니다. **2** [갤러리]의 사진이나 직접 [촬영]을 하여 사진을 라인에 맞게 꽉 차게 크기를 조절하여 [∨]를 터치합니다. **3** ① [스티커 종류] 중에서 선택하고 ② [∨]를 터치합니다.

1 ① [스티커 추가하기]를 선택하고 ② [편집]을 터치하면 다른 종류의 스티커를 만들 수 있습니다. 3가지 종류, 64가지의 스티커를 만들 수 있습니다. **2** ① 툴바의 [스티커] 아이콘을 터치하면 나만의 스티커가 있습니다. ② [스티커]를 선택합니다. **3** 아직 바로 보내기 기능이 지원되지 않아 [카카오톡]에서는 채팅방을 선택하면 보내기가 되고 [메시지]에서는 첨부되어 보내집니다.

6) 텍스트 전체 선택, 대화 중 검색 기능, 설정 저장 및 불러오기

  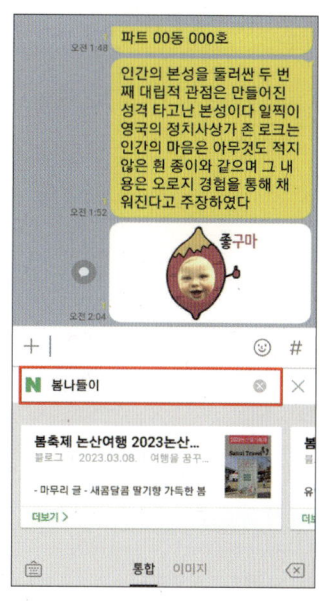

1 ① 입력된 텍스트를 [전체 선택] 기능을 사용하면 간단합니다. ② 전체 선택이 되면 파란색으로 블록이 나타납니다. **2** ① [전체 선택]된 텍스트를 [잘라내기, 복사] 등을 할 수 있고 ② [삭제] 버튼을 터치하면 한 번에 쉽게 삭제할 수 있습니다. **3** 대화 중이거나 필요한 정보를 바로 검색할 수 있습니다. [툴바] 왼쪽의 [N]을 터치하여 [검색어]를 입력합니다. 검색한 결과가 툴바 밑에 표시되며 [이미지]를 터치하면 [링크]로 바로 보낼 수 있고 [더보기]에서 링크를 공유할 수 있습니다.

  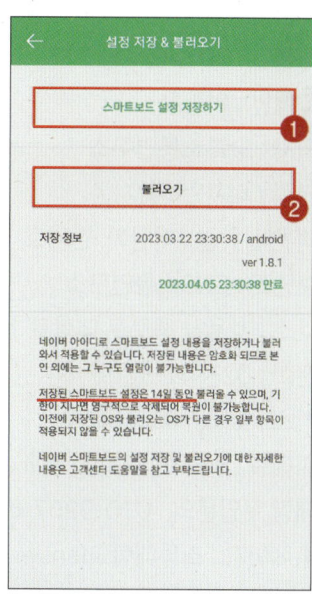

1 검색 결과를 대화창에 바로 보낼 수 있습니다. **2** ① [설정 저장]을 하려면 [네이버 아이디]로 [로그인]을 해야 합니다. ② [설정 저장 & 불러오기]를 터치합니다.
3 ① 내가 사용하던 [네이버 스마트보드]의 설정을 [저장]하여 ② [14일] 동안 [불러오기]를 할 수 있는데 다른 기기에서도 불러와서 사용할 수 있고 앱을 삭제하거나 초기화하여도 로그인만 하면 [불러오기]를 하여 사용하던 [설정]을 그대로 사용할 수 있습니다.

스마트폰 활용지도사 유튜브 방송

유튜브 검색창에
"스마트폰 활용지도사" 라고 검색

Youtube.com/c/smartphoneteacher
"구독신청"하시면
인생이 즐거워지고 비즈니스가 풍요로워집니다!

발행일 : 2023년 4월 21일

발행인 : 이종구

저자 : SNS소통연구소

편집 / 디자인 : 양지윤

책 편집위원 : 이정화, 한덕호, 김상덕, 손희주, 노승유, 윤진숙, 김숙명, 한경희, 허진건

펴낸곳 : SNS소통연구소

주소 : 서울시 종로구 대학로 12길 63, 석마빌딩

전화 : 02-747-3265

팩스 : 0507-090-6654

이메일 : snsforyou@gmail.com

대량 구입문의 : 010-9967-6654

홈페이지 : 소통대학교(snswork.com)

블로그 : SNS소통연구소(blog.naver.com/urisesang71)

ISBN 979-11-7046-176-0(13000)   값 19,000원

이 책은 저작권법에 따라 보호받는 저작물이므로 무단 복제를 금합니다.